LA DAMA DEL ALBA

Obras de Alejandro Casona con la fecha del estreno de sus comedias.

La flauta del sapo (poemas), Valle de Arán, 1930.

Flor de leyendas (narraciones), Madrid, 1933.

La sirena varada, Madrid, 1934.

Otra vez el diablo, Madrid, 1935.

Nuestra Natacha, Madrid, 1936.

Prohibido suicidarse en primavera, México, 1937.

El crimen de Lord Arturo, La Habana, 1938. (Inédita)

Romance de Dan y Elsa, Caracas, 1938; Buenos Aires, 1939. (Inédita)

Sinfonía inacabada, Montevideo, 1940. (Inédita)

María Curie (en colaboración), Buenos Aires, 1940. (Inédita)

Las Tres perfectas casadas, Buenos Aires, 1941. (Inédita)

La Dama del alba, Buenos Aires, 1944.

La barca sin pescador, Buenos Aires, 1945.

ALEJANDRO CASONA

LA DAMA DEL ALBA

RETABLO EN CUATRO ACTOS

Edited with Introduction, Notes

and Vocabulary

by

JUAN RODRIGUEZ-CASTELLANO

Duke University

CHARLES SCRIBNER'S SONS · NEW YORK

ISBN 0-02-325140-9

A CARIDAD

AMIGA Y ADMIRADORA DEL AUTOR

DEDICO ESTA EDICION DE

LA DAMA DEL ALBA

J: R-C.

CONTENTS

PAGE

PREFACE   ix

INTRODUCCIÓN

   I. NOTA BIOGRÁFICA   xi

   II. UNA OJEADA A LAS OBRAS DE CASONA   xiii

   III. LA DAMA DEL ALBA   xix

TEXTO

   ACTO PRIMERO   1

   ACTO SEGUNDO   40

   ACTO TERCERO   63

   ACTO CUARTO   113

PREGUNTAS Y TEMAS   153

APPENDIX   169

VOCABULARY   175

PREFACE

Prompted by the realization that the works of Alejandro Casona are for the most part unknown in the United States and that too few plays in Spanish are made available for classroom use, this edition has been prepared.

I am confident that *La Dama del Alba,* one of the best dramatic productions of contemporary Spanish drama, will appeal to the American student not only because of its unique content and interesting plot, but also because of its colorful background, poetic dialogue and skillful characterization. It is hoped that the complete vocabulary and translations in footnotes will help the second semester student of Spanish to understand the humor and poetic content of the play.

The addition of an Appendix has been considered necessary in order to explain some traditions and customs distinctively Spanish.

I wish to express my appreciation to the author, Alejandro Casona, for his kind permission to edit this play and for his aid on some doubtful points; to my former student, Barbara Ladd, for the selection of material to be treated in the footnotes; to my colleagues M. Lancaster and P. T. Manchester for their help in translating a few passages; and last but not least to Helen, my wife, for her sound counsel on many occasions and for her tireless efforts in reviewing the complete manuscript

J. R-C.

INTRODUCCIÓN

I. NOTA BIOGRÁFICA

A Alejandro Casona (seudónimo de Alejandro Rodríguez Álvarez) lo conozco desde la infancia, pero por razones del momento no es oportuno contar aquí todos los pormenores de su vida. Baste decir que nació en un pintoresco pueblecito del occidente de Asturias el 3 de marzo de 1903, hecho que en sí no tendría gran importancia si no fuera que en algunas de su obras, sobre todo en *La dama del alba*, se describen tipos y costumbres de esta región. Por otra parte, el humorismo y la nota sentimental y melancólica que abunda en toda su obra también es característica muy asturiana.

Los padres de Casona fueron maestros de escuela, profesión que siguieron algunos de sus hijos, entre ellos nuestro autor, quien después de cursar estudios en las Universidades de Oviedo y Murcia y de graduarse en la Escuela Superior del Magisterio de Madrid, fué enviado de maestro rural al retirado Valle de Arán en los Pirineos. Allí, aunque todavía joven y apartado de los grandes centros de cultura, empezó a dar muestras de su interés por el teatro. Con los chicos de la escuela organizó un teatro infantil, "El Pájaro Pinto," realizado a base de repertorio primitivo: escenificaciones de tradiciones, fábulas animalistas y romances.

Años después Casona fué nombrado Inspector y Director de Primera Enseñanza, y en el cumplimiento de su cargo visitó varias regiones de España, tratando siempre de elevar el nivel cultural de su país. Sus iniciativas en este orden fueron reconocidas por el gobierno español que en 1932 le nombró director del Teatro de Misiones Pedagógicas, institución creada en aquel tiempo para llevar un poco de divertimiento y solaz espiritual a quienes en aldeas remotas nunca habían visto representación teatral alguna. Para este "Teatro" ambulante, compuesto en su mayoría de estudiantes que trabajaban gratis en días de fiesta y época de vacaciones, arregló Casona, sin pretensiones pero con sumo gusto, escenas de obras clásicas, entremeses, pasos y romances. Era un teatro elemental, sencillo, de escaso repertorio y pobres decorados, pero en su organización aprendió Casona el arte especial de dirigir y montar sus propias obras más tarde, cuando entregado de lleno al teatro sus comedias empezaron a ser representadas en los grandes teatros de las capitales.

En marzo de 1934 vió representada su primera obra, *La sirena varada,* con la que quedó consagrado como dramaturgo de primer orden. Dos años después, con el estreno de *Nuestra Natacha* ya era el autor dramático más popular de España. Su carrera de triunfos, sin embargo, fué parcialmente interrumpida en 1936 a causa de la guerra civil que estalló en su país y que le obligó a pasar el océano para empezar su larga peregrinación por tierras de la América española. Con la compañía Díaz-Collado, la misma que estrenó en España *Nuestra Natacha,* se presentó ante los públicos de Cuba, México, Puerto Rico, Venezuela y otros países, añadiendo siempre obras nuevas a su repertorio antiguo y siendo aplaudido en todas partes. Desde junio de 1939 vive y trabaja en la

Argentina, escribiendo para el teatro—su verdadero amor de siempre—y para el cine de aquella nación que ha sabido apreciar sus méritos y remunerar sus esfuerzos. Casona volverá a su país algún día y entonces, en un ambiente más familiar, es de esperar que de su pluma salgan las obras maestras que, juntamente con las ya escritas, han de contribuir a un nuevo renacimiento del teatro español.

II. UNA OJEADA A LAS OBRAS DE CASONA

A semejanza de muchos otros dramaturgos españoles, Casona llegó al teatro por el camino de la poesía Su primer intento literario, *La flauta del sapo,* escrito cuando apenas tenía 18 años, fué un libro de versos inspirados en escenas de su tierra natal. En 1933 apareció su *Flor de leyendas,* un librito de narraciones para niños tan bellamente escrito que le valió el premio nacional de literatura.

Casona había intentado varias veces el teatro sin resultado. Una comedia que tenía escrita era bien conocida de los empresarios, pero por cinco años ninguno se atrevió a ponerla en escena. Al fin, en un concurso dramático abierto por el Ayuntamiento de Madrid recibió esta obra, *La sirena varada,* el premio "Lope de Vega" y pocos meses después fué estrenada a todo lujo en el Teatro Español de Madrid por la compañía Xirgu-Borrás, la más famosa de aquellos días. Tanto el público como la crítica encontraron en la obra valores que no habían aparecido en el teatro español por mucho tiempo. En la reseña del estreno uno de los críticos decía que "en la paramera de nuestra producción dramática—pobre, uniforme, desvaída y sin aliento—ha aparecido un brote

nuevo y vigoroso. Un escritor mozo, inédito hasta ahora
en el teatro, hubo de acreditar anoche [17 de marzo]
desde la escena del Español su espléndida ejecutoria de
autor, que le coloca en la primera línea de jerarquías
literarias." [1] En términos análogos se expresaron los demás críticos de la prensa madrileña. "En mucho tiempo—
dice Chabás—nuestro teatro no había producido una
obra de este mérito y de pulcra y noble hechura." [2]
Casona demostró con su *Sirena varada* que no era
autor de promesas, como tantos otros, sino de realiza-
ciones. Pocos casos se han dado en la historia del teatro
en que un autor triunfe y sea consagrado con su primera
obra, fenómeno debido en parte a que el teatro español
había llegado a un lamentable estado de inercia, y con
excepción de alguna que otra obra de dudoso valor no
producía más que obras de escasa originalidad y peor
gusto. A partir de los años 1920 la mayoría de las comedias que se componían en España eran de tipo ingenioso
cuyo principal objeto era el de hacer reír al público,
entreteniéndole con frases agudas y convencionalismos
trillados. Y es que los empresarios juzgaban del valor de
una obra por los ingresos de taquilla y no estaban dis-
puestos a contrariar los gustos del público con obras
nuevas de autores no conocidos. En vista de tales ob-
stáculos, muchos autores jóvenes con ideas y principios es-
téticos distintos a los que entonces dominaban en España
abandonaron el teatro y se dedicaron a otras tareas literarias. De no tener Casona otros medios de vida, probable-

[1] Alberto Martín Alcalde, "La Sirena Varada de Alejandro
Casona," *Ahora* (Madrid), 18 de marzo, 1934.
[2] Juan Chabás, "Nuestro Tiempo," *El Almanaque Literario,*
Madrid (Editorial Plutarco), 1935.

mente se hubiera apartado de su verdadero camino—el teatro.

Casona y García Lorca han dado nuevo ímpetu con su frescura y vitalidad al decadente teatro español, poniéndolo a tono con el desarrollo literario y artístico de otros teatros del siglo XX. Comparando las obras de Casona con las de otros autores anteriores a él, Manuel Castro dice lo siguiente: "Su reacción contra el naturalismo en el teatro—contra ese 'teatro naturalista,' degenerado casi desde su nacimiento, en teatro burgués, comercial, melodramático, chato, afrodisíaco, populachero—era inevitable. Frente a la oscura bocamina de la realidad, ábrese ahora, clara y limpia, la de la idealidad. Por ésta entróse Alejandro Casona." [3]

Lo fundamental de toda la obra de Casona es el arte con que ha sabido combinar la realidad y la fantasía. Todos sus argumentos tienen un doble juego fantástico y realista, desarrollando paralelamente un drama intelectual y un drama real, que al fin se encuentran y se desenlazan juntos. Bien lo ha observado la crítica a raíz del estreno de su primera comedia: "Toda la obra es un juego profundo de la fantasía . . ., enriqueciendo y maravillando la vida humana, haciendo de esa vida poesía con sus ternuras, sus ilusiones y sus angustias." [4] Es decir que el autor sabe humanizar sus comedias, por imaginativas que sean, haciendo que sus personajes, aunque se muevan en un mundo fantasmagórico de su propia creación, hablen y actúen como seres ordinarios de la vida humana.

[3] "Otra vez el Diablo de Alejandro Casona," *Ahora* (Madrid), abril, 1934.
[4] Juan Chabás, "La Sirena Varada de Alejandro Casona," *Luz* (Madrid), 19 de marzo, 1934.

"Casona tiene la suprema elegancia de disfrazar su romanticismo con un humorismo formal de la mejor cepa." [5]

En *La sirena varada* ya se acusan los caracteres generales de la personalidad del autor. Ricardo, el protagonista, es un muchacho frívolo, extravagante y rico que cansado de la vulgaridad de la vida de todos los días pretende fundar una república de locos, "un asilo de huérfanos del sentido común." Se encierra en un palacio a la orilla del mar en compañía de un criado viejo que le sigue en todos sus caprichos y locuras, de un fantasma a quien obliga a representar este papel todas las noches, de un pintor que lleva una venda sobre los ojos para olvidarse de los colores conocidos y poder así crear otros nuevos. Más tarde se presenta en la casa una hermosa muchacha que dice haber salido del profundo del mar para alcanzar el amor de Ricardo. Con el tiempo éste se enamora de la sirena con un amor humano y real y desea averiguar el secreto de su vida. Cuando descubre que la joven es demente, quiere volver a la realidad para salvarla, aunque sabe que esto ha de destruir sus bellas ilusiones. El caballero de un ideal imposible se da cuenta de su tragedia enorme: la de estar enamorado de una loca.

La obra es de difícil ejecución por moverse sus caracteres en los límites de la fantasía. El doctor Florín, antiguo amigo de Ricardo, es el único personaje que representa la razón y demuestra que "el ansia de verdad es instintiva en nosotros, y se impone en cuanto tiene la intensidad necesaria para traspasar la máscara." [6]

[5] Manuel Castro, *loc. cit.*
[6] Jorge de la Cueva, "La sirena varada de Alejandro Casona," *El Debate* (Madrid), 18 de marzo, 1934.

Aunque los asuntos de las obras de Casona son diferentes, se nota el estrecho parentesco que existe entre ellas. En *Otra vez el Diablo* (1935) el autor pone en escena al Diablo, no el tradicional de la religión y del arte sino un diablo escéptico, galante y sentimental que está dispuesto a ayudar a la humanidad por una cantidad módica. Casona no ha querido convertir la acción en tragedia y trata al Espíritu del Mal con la mayor confianza, como a un amigo benévolo.

El tercer acto de *Otra vez el Diablo* defraudó un poco al público, pero Casona supo recuperar sus laureles con su *Nuestra Natacha* (1936), "el éxito más formidable del teatro español en mucho tiempo. Fueron quinientas representaciones en Madrid. Es la constante petición del público en España y América." [7] Es sin duda una admirable comedia de juventud y esperanza en la que se describe la vida estudiantil con la que el autor estaba bien familiarizado. La heroína, Natacha, es como un símbolo de lo que debe ser la educación moderna, un ejemplo vivo del sacrificio que debe hacer la juventud que aspire a ser útil a su país.[8]

Prohibido suicidarse en primavera fué estrenada en México (1937). Es una obra de asunto extraño, cuya trama se desarrolla en un sanatorio de suicidas. De ella dice el autor en una entrevista en la Habana: "es una comedia joven; esto es: de gesto social, de ímpetu optimista y de constante inquietud interior. Su eje dramático es un curioso 'complejo de inferioridad' entre dos her-

[7] Arturo Ramírez, "Entrevista múltiple," *Carteles* (La Habana), 14 de noviembre, 1937.
[8] Lolo de la Torriente, "Alejandro Casona en México," *Excelsior* (México, D. F.), 18 de julio, 1937.

manos; su trazado, de humor, de poesía y de ternura; su síntesis final, un canto a la vida desenvuelto al borde mismo de la muerte en un imaginario Club de Suicidas."

En la Argentina ha estrenado Casona varias obras que fueron bien recibidas. Entre ellas se destacan *Romance de Dan y Elsa* (1939)—con la que se presentó al público de Buenos Aires—"una dramática acusación contra las drogas, la sensualidad enferma y la guerra, un canto al Amor y a la Vida, embellecidos por la poesía"; *Las tres perfectas casadas,* que tuvo 150 representaciones en Buenos Aires solamente; *La dama del alba,* "un poema escénico sobre la Muerte, con nieblas, paisajes y decires de Asturias"—según palabras del propio autor; y últimamente *La barca sin pescador,* cuyo éxito la ha mantenido en cartel doscientas representaciones.

Casi todas las obras de Casona han sido traducidas al portugués y representadas en el Brasil. Algunas como *La sirena varada* y *Nuestra Natacha* también tuvieron traductores en Inglaterra, Alemania, Francia e Italia.

Para el cine argentino ha intentado Casona con éxito, aunque no con el entusiasmo que siente por el teatro, varias películas bien conocidas en el mundo de habla hispánica: *Veinte años y una noche, Casa de muñecas* (adaptación del drama de Ibsen), *Nuestra Natacha* (versión cinematográfica de la comedia del mismo nombre que él mismo dirigió en cuanto al diálogo) y *Margarita la Tornera* (refundición de una antigua leyenda castellana).

Con lo expuesto basta para dar a entender el relieve de la personalidad de Casona. A pesar de vivir en un medio que, por muy acogedor que sea, no es el suyo, ha logrado distinguirse como comediógrafo de nota. El juicio contemporáneo—tanto de España como de Hispanoamérica

—le considera escritor de primera categoría y le reconoce el mérito de haber escogido un tipo de comedia muy en consonancia con su temperamento poetico.

III. LA DAMA DEL ALBA

Esta obra fué estrenada en Buenos Aires por Margarita Xirgu, la más famosa de las actrices españolas de hoy e intérprete de varios caracteres de Casona. Los críticos rioplatenses la reputaron como lo más logrado del autor, y el éxito de Buenos Aires se ha repetido en Montevideo, México, Caracas, Río de Janeiro (en versión portuguesa) y en otras partes. Es sin duda de lo mejor que ha salido de la pluma del autor, tanto por la delicada pintura de caracteres como por su lenguaje, por la naturalidad del diálogo y por el realismo del ambiente.

La dama del alba como otras obras de Casona contiene una bella combinación de lo fantástico y lo realista. El elemento imaginativo lo constituye la aparición de la Muerte en figura de mujer bondadosa que visita las casas de los mortales, juega con los niños, se enamora de ellos y olvida por el momento el objeto de su venida al mundo. En cuanto a la idea fundamental, Casona sigue al filósofo Séneca, quien supo pintar a la Muerte en forma de suprema serenidad, de amigable consejera, de dulce liberadora. En la concepción formal, en el tratamiento del asunto, sin embargo, el autor se muestra original. Nadie, que sepamos, ha presentado a la Muerte como mujer víctima de su propia inexorabilidad: la tragedia de matar y destruir cuanto ama y cuanto toca. "¿Comprendes ahora—dice la Peregrina de la comedia al Abuelo—lo amargo de mi destino? Presenciar todos los dolores sin poder llorar .. Tener todos los senti-

mientos de una mujer sin poder usar ninguno . . .
*¡Y estar condenada a matar siempre, siempre, sin poder
nunca morir!"*

El empleo de la Muerte como protagonista no es nada
nuevo. Ha aparecido en todas las literaturas y en cente-
nares de obras. En la primera obra dramática de la literatura española, *La danza de la Muerte*, ya se le otorgaba
a ésta el papel principal y se la exaltaba como la iguala-
dora suprema. En otra obra más moderna y bien conocida (*Death Takes a Holiday*, del italiano Alberto Casella)
también aparece la Muerte—esta vez en figura de hombre. Pero entre todas estas obras y *La dama del alba* no
hay más parecido que el de tener el mismo protagonista.
Ni el ambiente, ni los personajes, ni el tema en general
guardan semejanza alguna.

El otro elemento, el realista, está representado por los
demás caracteres de la comedia, por el ambiente en que se
mueven y por el lenguaje, sencillo y natural a pesar de los
giros que el autor emplea para dar sabor y color local.
Casona ha querido darnos un reflejo del alma de Asturias
—donde transcurre la acción—y lo ha logrado porque la
conoce bien, porque nació allí y allí se formó su espíritu.
Todo ese mundo exterior que describe con abundantes
alusiones ambientales y giros localistas (pero sin pinto-
resquismo fácil de zarzuela) es de pura esencia asturiana,
como lo es también el humorismo, la ironía y la nota sentimental y nostálgica (agudizada tal vez en su caso por la
distancia y el tiempo) de que está impregnada la obra.

PERSONAJES:

LA PEREGRINA	*Margarita Xirgu*
TELVA	*María Gámez*
LA MADRE	*Teresa León*
ADELA	*Isabel Pradas*
LA HIJA	*Amelia de la Torre*
DORINA (niña)	*Susy Canales*
SANJUANERA 1ª	*Carmen Caballero*
SANJUANERA 2ª	*Teresa Pradas*
SANJUANERA 3ª	*Mary López Silva*
SANJUANERA 4ª	*Emilia Milán*
EL ABUELO	*Francisco López Silva*
MARTÍN DE NARCÉS	*Alberto Closas*
QUICO EL DEL MOLINO	*José M. Navarro*
ANDRÉS (niño)	*Juan Manuel Fontanals*
FALÍN (niño)	*Gustavito Bertot*
MOZO 1º	*Gustavo Bertot*
MOZO 2º	*Eduardo Naveda*
MOZO 3º	*Alberto Villasante*

*Esta obra fué estrenada en el Teatro Avenida de
Buenos Aires, el 3 de noviembre de 1944.*

ACTO PRIMERO

En un lugar de las Asturias de España. Sin tiempo.
Planta baja de una casa de labranza que trasluce limpio
bienestar.[1] Sólida arquitectura de piedra encalada y
maderas nobles. Al fondo amplio portón y ventana sobre
el campo. A la derecha[2] arranque de escalera que con-
duce a las habitaciones altas, y en primer término[3] del
mismo lado salida al corral. A la izquierda, entrada a la
cocina, y en primer término la gran chimenea de leña
ornada en lejas y vasares con lozas campesinas y el rebrillo
rojo y ocre de los cobres. Rústicos muebles de nogal y un
viejo reloj de pared. Sobre el suelo, gruesas esteras de
soga. Es de noche. Luz de quinqué.

La MADRE, *el* ABUELO *y los tres nietos (*ANDRÉS, DO-
RINA *y* FALÍN*) terminan de cenar.* TELVA, *vieja criada,*
atiende a la mesa.

ABUELO

(Partiendo el pan.) Todavía está caliente la hogaza.
Huele a ginesta en flor.[4]

TELVA

Ginesta y sarmiento seco; no hay leña mejor para
caldear el horno. ¿Y qué me dice de ese color de oro?
Es el último candeal de la solana.

---

[1] una casa de . . . bienestar a farmer's house which shows comfort and cleanliness
[2] A la derecha On the right (*Spanish stage directions are given
from the standpoint of the actors, not from that of the audience*)
[3] en primer término in the foreground
[4] Huele a . . . flor It smells of scotch broom in bloom

I

ABUELO

La harina es buena, pero tú la ayudas. Tienes unas manos pensadas por Dios [5] para hacer pan.

TELVA

¿Y las hojuelas de azúcar? ¿y la torrija de huevo? Por el invierno, bien que le gusta mojada en vino [6] caliente. (*Mira a la* MADRE *que está de codos en la mesa, como ausente.*) [7] ¿No va a cenar nada, mi ama?

MADRE

Nada.

(TELVA *suspira resignada. Pone leche en las escudillas de los niños.*)

FALÍN

¿Puedo migar sopas en la leche? [8]

ANDRÉS

Y yo ¿puedo traer el gato a comer conmigo en la mesa?

DORINA

El sitio del gato es la cocina. Siempre tiene las patas sucias de ceniza.

ANDRÉS

¿Y a ti quién te mete? [9] El gato es mío.

---

[5] Tienes . . . por Dios You have a pair of God-given hands
[6] bien que . . . en vino you like to dunk it in wine
[7] de codos . . . ausente with her elbows on the table, as in a trance
[8] ¿Puedo migar . . . la leche? May I crumble bread into the milk?
[9] ¿Y a ti quién te mete? And what right have you to butt in?

DORINA

Pero el mantel lo lavo yo.

ABUELO

Hazle caso a tu hermana.[10]

ANDRÉS

¿Por qué? Soy mayor que ella.

ABUELO

Pero ella es mujer.

ANDRÉS

¡Siempre igual! Al gato le gusta comer en la mesa y no le dejan; a mí me gusta comer en el suelo, y tampoco.[11]

TELVA

Cuando seas mayor mandarás en tu casa,[12] galán.

ANDRÉS

Sí, sí; todos los años dices lo mismo.

FALÍN

¿Cuándo somos mayores,[13] abuelo?

ABUELO

Pronto. Cuando sepáis leer y escribir.

ANDRÉS

Pero si no nos mandan a la escuela no aprenderemos nunca.

[10] **Hazle caso a tu hermana** Pay attention to your sister
[11] **y tampoco** i.e. and they don't let me either
[12] **mandarás en tu casa** you will be the boss in your own house
[13] **¿Cuándo somos mayores?** When are we grown-ups?

ABUELO

(*A la* Madre.) Los niños tienen razón. Son ya crecidos.
Deben ir a la escuela.

MADRE

(*Como una obsesión.*) ¡No irán! Para ir a la escuela
hay que pasar el río . . . No quiero que mis hijos se
acerquen al río.

DORINA

Todos los otros van. Y las chicas también. ¿Por qué no
podemos nosotros pasar el río?

MADRE

Ojalá nadie de esta casa se hubiera acercado a él.

TELVA

Basta; de esas cosas no se habla. (*A* Dorina, *mientras
recoge las escudillas.*) ¿No querías hacer una torta de
maíz? El horno ya se estará enfriando.[14]

ANDRÉS

(*Levantándose, gozoso de hacer algo.*) Lo pondremos
al rojo otra vez.[15] ¡Yo te ayudo!

FALÍN

¡Y yo!

DORINA

¿Puedo ponerle un poco de miel encima?

[14] **El horno . . . enfriando** The oven is probably getting cold already
[15] **Lo pondremos . . . otra vez** We'll make it red hot again

TELVA

Y abajo una hoja de higuera para que no se pegue el rescoldo.[16] Tienes que ir aprendiendo. Pronto serás mujer . . . y eres la única de la casa. (*Sale con ellos hacia la cocina.*)

MADRE Y ABUELO

ABUELO

No debieras hablar de eso delante de los pequeños. Están respirando siempre un aire de angustia que no los deja vivir.

MADRE

Era su hermana. No quiero que la olviden.

ABUELO

Pero ellos necesitan correr al sol y reír a gritos.[17] Un niño que está quieto no es un niño.

MADRE

Por lo menos a mi lado están seguros.

ABUELO

No tengas miedo; la desgracia no se repite nunca en el mismo sitio.[18] No pienses más.

MADRE

¿Haces tú otra cosa? Aunque no la nombres, yo sé

[16] para que no . . . rescoldo so that the ashes won't stick to it
[17] correr al sol . . . a gritos to run in the sun and laugh to their heart's content
[18] la desgracia . . . sitio lightning never strikes twice in the same place

en qué estás pensando cuando te quedas horas enteras en silencio, y se te apaga el cigarro en los labios.[19]

ABUELO

¿De qué vale mirar hacia atrás?[20] Lo que pasó, pasó y la vida sigue. Tienes una casa que debe volver a ser feliz como antes.

MADRE

Antes era fácil ser feliz. Estaba aquí Angélica; y donde ella ponía la mano todo era alegría.

ABUELO

Te quedan los otros tres.[21] Piensa en ellos.

MADRE

Hoy no puedo pensar más que en Angélica; es su día.[22] Fué una noche como ésta. Hace cuatro años.

ABUELO

Cuatro años ya . . . (*Pensativo se sienta a liar un cigarrillo junto al fuego. Entra del corral el mozo del molino, sonriente, con una rosa que, al salir, se pone en la oreja.*)[23]

QUICO

Buena noche de luna para viajar. Ya está ensillada la yegua.

[19] y se te apaga . . . labios and your cigar goes out in your mouth
[20] ¿De qué vale . . . atrás? What's the use of always looking back?
[21] Te quedan los otros tres You still have the other three
[22] es su día [today] is the day she died
[23] se pone en la oreja he puts behind his ear

MADRE

(*Levanta la cabeza.*) ¿Ensillada? ¿Quién te lo mandó?

ABUELO

Yo.

MADRE

¿Y a ti, quién? [24]

ABUELO

Martín quiere subir a la braña a apartar él mismo los novillos para la feria.

MADRE

¿Tenía que ser precisamente hoy? Una noche como ésta bien podía quedarse en casa.

ABUELO

La feria es mañana.

MADRE

(*Como una queja.*) Si él lo prefiere así, bien está. (*Vuelve* TELVA.)

QUICO

¿Manda algo, mi ama?

MADRE

Nada. ¿Vas al molino a esta hora?

QUICO

Siempre hay trabajo. Y cuando no, da gusto dormirse oyendo cantar [25] la cítola y el agua.

---

[24] ¿Y a ti quién? And who ordered you?
[25] Y cuando no ... cantar And when there isn't [anything to do], it's pleasant to fall asleep listening to . . .

TELVA

(*Maliciosa.*) Además el molino está junto al granero del alcalde . . . y el alcalde tiene tres hijas mozas, cada una peor que la otra. Dicen que envenenaron al perro porque ládraba cuando algún hombre saltaba las tapias.

QUICO

Dicen, dicen . . . También dicen que el infierno está empedrado de lenguas de mujer.[26] ¡Vieja maliciosa! Dios la guarde, mi ama. (*Sale silbando alegremente.*)

TELVA

Sí, sí, malicias. Como si una hubiera nacido ayer. Cuando va al molino lleva chispas en los ojos;[27] cuando vuelve trae un cansancio alegre arrollado a la cintura.[28]

ABUELO

¿No callarás, mujer?

TELVA

(*Recogiendo la mesa.*) No es por decir mal de nadie.[29] Si alguna vez hablo de más es por desatar los nervios . . . como si rompiera platos. ¿Es vida esto?[30] El ama con los ojos clavados en la pared; usted siempre callado por los rincones . . . Y esos niños de mi alma [31] que se han

[26] está empedrado . . . mujer is paved with shrewish women's tongues
[27] lleva chispas en los ojos he has a peculiar gleam in his eyes
[28] trae un cansancio . . . cintura he wears a roll of happy lassitude tucked in his belt
[29] No es por decir mal de nadie I don't mean to speak badly of anyone
[30] ¿Es vida esto? Do you call this living?
[31] Y esos niños de mi alma And those darlings of mine

acostumbrado a no hacer ruido como si anduvieran descalzos. Si no hablo yo, ¿quién habla en esta casa?

MADRE

No es día de hablar alto. Callando se recuerda mejor.

TELVA

¿Piensa que yo olvidé? Pero la vida no se detiene. ¿De qué le sirve correr las cortinas [32] y empeñarse en gritar que es de noche? Al otro lado de la ventana todos los días sale el sol.

MADRE

Para mí no.

TELVA

Hágame caso, ama. Abra el cuarto de Angélica de par en par, y saque al balcón las sábanas de hilo que se están enfriando bajo el polvo del arca.

MADRE

Ni el sol tiene derecho a entrar en su cuarto. Ese polvo es lo único que me queda de aquel día.

ABUELO

(*A* TELVA.) No te canses. Es como el que lleva clavada una espina [33] y no se deja curar.

MADRE

¡Bendita espina! Prefiero cien veces llevarla clavada en la carne, antes que olvidar . . . como todos vosotros.

TELVA

Eso no. No hablar de una cosa no quiere decir que no

[32] ¿De qué le sirve correr las cortinas? Why draw the curtains?
[33] lleva clavada una espina has a thorn in him

se sienta. Cuando yo me casé creí que mi marido no me
quería porque nunca me dijo lindas palabras. Pero siempre me traía el primer racimo de la viña; y en siete años
que me vivió me dejó siete hijos, todos hombres. Cada
uno se expresa a su manera.[34]

ABUELO

El tuyo era un marido cabal. Como han sido siempre
los hombres de esta tierra.

TELVA

Igual que un roble. Hubiera costado trabajo hincarle
un hacha; pero todos los años daba flores.[35]

MADRE

Un marido viene y se va. No es carne de nuestra carne
como un hijo.

TELVA

(*Suspende un momento el quehacer.*) ¿Va a decirme
a mí lo que es un hijo? ¡A mí! Usted perdió una: santo
y bueno. ¡Yo perdí los siete el mismo día! Con tierra en
los ojos y negros de carbón los fueron sacando de la
mina. Yo misma lavé los siete cuerpos, uno por uno. ¿Y
qué?[36] ¿iba por eso a cubrirme la cabeza con el manto
y sentarme a llorar a la puerta? ¡Los lloré de pie, trabajando![37] (*Se le ahoga la voz*[38] *un momento. Se arranca*

[34] Cada uno . . . a su manera Each one expresses himself in his own way
[35] Hubiera costado . . . flores It would have been difficult to drive an axe into it, but it bloomed every year
[36] ¿Y qué? And what was I to do?
[37] ¡Los lloré . . . trabajando! I had no time to waste in mourning them!
[38] Se le ahoga la voz Choking with emotion

una lágrima con la punta del delantal [39] *y sigue recogiendo los manteles.*) Después, como ya no podía tener otros, planté en mi huerto siete árboles, altos y hermosos como siete varones. (*Baja más la voz.*) Por el verano, cuando me siento a coser a la sombra, me parece que no estoy tan sola.

MADRE

No es lo mismo. Los tuyos están bajo tierra, donde crece la yerba y hasta espigas de trigo. La mía está en el agua. ¿Puedes tú besar el agua? ¿Puede nadie abrazarla y echarse a llorar sobre ella? Eso es lo que me muerde en la sangre. [40]

ABUELO

Todo el pueblo la buscó. Los mejores nadadores bajaron hasta las raíces más hondas.

MADRE

No la buscaron bastante. La hubieran encontrado.

ABUELO

Ya ha ocurrido lo mismo otras veces. El remanso no tiene fondo.

TELVA

Dicen que dentro hay un pueblo entero, con su iglesia y todo. Algunas veces, la noche de San Juan, [41] se han oído las campanas debajo del agua.

---

[39] Se arranca . . . delantal She wipes off a tear with a corner of her apron
[40] Eso es lo que . . . la sangre That's what makes my blood boil
[41] la noche de San Juan The Eve of St. John (See *Appendix* I)

MADRE

Aunque hubiera un palacio no la quiero en el río donde todo el mundo tira piedras al pasar. La Escritura lo dice: "el hombre es tierra y debe volver a la tierra". Sólo el día que la encuentren podré yo descansar en paz.

(*Bajando la escalera aparece* MARTÍN. *Joven y fuerte montañés. Viene en mangas de camisa y botas de montar. En escena se pone la pelliza que descuelga de un clavo.*)

DICHOS Y MARTÍN

MARTÍN

¿Está aparejada la yegua?

ABUELO

Quico la ensilló antes de marchar al molino.

(TELVA *guarda los manteles y lleva la loza a la cocina volviendo luego con un cestillo de arvejas.*)

MADRE

¿Es necesario que vayas a la braña esta noche?

MARTÍN

Quiero apartar el ganado yo mismo. Ocho novillos de pezuña delgada y con la testuz de azafrán, que han de ser la gala de la feria.[42]

ABUELO

Si no es más que eso, el mayoral puede hacerlo.

---

[42] Ocho novillos ... la feria Eight fine-hoofed, saffron-headed steers, which will be the pride of the fair

MARTÍN

Él no los quiere como yo. Cuando eran terneros yo les daba la sal con mis manos. Hoy, que se van, quiero ponerles yo mismo el hierro de mi casa.[43]

MADRE

(*Con reproche.*) ¿No se te ha ocurrido pensar que esta noche te necesito más que nunca? ¿Has olvidado qué fecha es hoy?

MARTÍN

¿Hoy? . . . (*Mira al* ABUELO *y a* TELVA *que vuelve. Los dos bajan la cabeza.* MARTÍN *comprende y baja la cabeza también.*) Ya.

MADRE

Sé que no te gusta recordar. Pero no te pido que hables. Me bastaría que te sentaras junto a mí, en silencio.

MARTÍN

(*Esquivo.*) El mayoral me espera.

MADRE

¿Tan importante es ese viaje?

MARTÍN

Aunque no lo fuera. Vale más sembrar una cosecha nueva que llorar por la que se perdió.

MADRE

Comprendo. Angélica fué tu novia dos años, pero tu mujer sólo tres días. Poco tiempo para querer.

---

[43] quiero . . . de mi casa I myself want to put the family's brand on them

MARTÍN

¡Era mía y eso bastaba! No la hubiera querido en treinta años más que en aquellos tres días

MADRE

(*Yendo hacia él, lo mira hondamente.*) Entonces ¿por qué no la nombras nunca? ¿Por qué, cuando todo el pueblo la buscaba llorando, tú te encerrabas en casa apretando los puños? (*Avanza más.*) ¿Y por qué no me miras de frente [44] cuando te hablo de ella?

MARTÍN

(*Crispado.*) ¡Basta! (*Sale resuelto hacia el corral.*)

ABUELO

Conseguirás que Martín acabe odiando esta casa.[45] No se puede mantener un recuerdo así, siempre abierto como una llaga.

MADRE

(*Tristemente resignada.*) ¿También tú? . . . Ya no la quiere nadie, nadie . . .

(*Vuelve a sentarse pesadamente.* TELVA *se sienta a su lado poniendo entre las dos el cestillo de arvejas. Fuera se oye ladrar al perro.*)

TELVA

¿Quiere ayudarme a desgranar las arvejas? Es como rezar un rosario verde: van resbalando las cuentas entre los dedos . . . y el pensamiento vuela. (*Pausa mientras desgranan las dos.*)

[44] ¿Y por qué . . . de frente? And why don't you look at me face to face?
[45] Conseguirás . . . esta casa You'll succeed in making Martin hate this household

MADRE

¿Adónde vuela el tuyo, Telva?

TELVA

A los siete árboles altos. ¿Y el suyo, ama?

MADRE

El mío está siempre quieto.[46] (*Vuelve a oírse el ladrido del perro.*)

TELVA

Mucho ladra el perro.

ABUELO

Y nervioso. Será algún caminante. A los del pueblo los conoce desde lejos.[47]

(*Entran corriendo los niños, entre curiosos y atemorizados.*) [48]

DICHOS Y LOS NIÑOS

DORINA

Es una mujer, madre. Debe de andar perdida.[49]

TELVA

¿Viene hacia aquí o pasa de largo? [50]

[46] El mío está siempre quieto Mine (i.e. thoughts) remain undisturbed
[47] A los del pueblo . . . lejos He recognizes the village people a mile away
[48] entre curiosos y atemorizados half curious, half frightened
[49] Debe de andar perdida She must have lost her way
[50] ¿Viene hacia . . . de largo? Is she coming here, or is she passing by?

FALÍN

Hacia aquí.

ANDRÉS

Lleva una capucha y un bordón en la mano como los peregrinos.

(*Llaman al aldabón de la puerta.* TELVA *mira a la* MADRE *dudando.*)

MADRE

Abre. No se puede cerrar la puerta de noche a un caminante.

(TELVA *abre la hoja superior* [51] *de la puerta y aparece la* PEREGRINA.)

PEREGRINA

Dios guarde esta casa y libre de mal a los que en ella viven.

TELVA

Amén. ¿Busca posada? El mesón está al otro lado del río.

PEREGRINA

Pero la barca no pasa a esta hora.

MADRE

Déjala entrar. Los peregrinos tienen derecho al fuego [52] y traen la paz a la casa que los recibe.

(*Pasa la* PEREGRINA. TELVA *vuelve a cerrar.*)

---

[51] la hoja superior the upper half of the door (*Doors of many country homes in Asturias are divided in two sections, thus allowing one section to be closed while the other remains open for ventilation and light*)

[52] tienen derecho al fuego have a right to hospitality

Dichos y la Peregrina

ABUELO

¿Perdió el camino?

PEREGRINA

Las fuerzas para andarlo.[53] Vengo de lejos y está frío el aire.

ABUELO

Siéntese a la lumbre. Y si en algo podemos ayudarle . . . Los caminos dan hambre y sed.[54]

PEREGRINA

No necesito nada. Con un poco de fuego me basta. (*Se sienta a la lumbre.*) Estaba segura de encontrarlo aquí.

TELVA

No es mucho adivinar.[55] ¿Vió el humo por la chimenea?

PEREGRINA

No. Pero vi a los niños detrás de los cristales.[56] Las casas donde hay niños siempre son calientes.[57] (*Se echa atrás la capucha descubriendo un rostro hermoso y pálido, con una sonrisa tranquila.*)

---

[53] Las fuerzas para andarlo [I lost] the strength to continue my way
[54] Y si en algo . . . y sed And if we can be of any service to you . . . One gets hungry and thirsty on the road
[55] No es mucho adivinar You didn't have to guess much
[56] vi a los niños . . . cristales I saw the children through the window
[57] siempre son calientes are always hospitable

ANDRÉS

(*En voz baja.*) ¡Qué hermosa es . . . !

DORINA

¡Parece una reina de cuento! [58]

PEREGRINA

(*Al* ABUELO *que la observa intensamente.*) ¿Por qué me mira tan fijo? [59] ¿Le recuerdo algo?

ABUELO

No sé . . . Pero juraría que no es la primera vez que nos vemos.

PEREGRINA

Es posible. ¡He corrido tantos pueblos y tantos caminos . . . ! (*A los* NIÑOS *que la contemplan curiosos agarrados a las faldas de* TELVA.) ¿Y vosotros? Os van a crecer los ojos [60] si me seguís mirando así. ¿No os atrevéis a acercaros?

TELVA

Discúlpelos. No tienen costumbre de ver gente extraña. Y menos con ese hábito.

PEREGRINA

¿Os doy miedo? [61]

ANDRÉS

(*Avanza resuelto.*) A mí no. Los otros son más pequeños.

[58] ¡Parece una reina de cuento! She looks like a queen in a fairy tale!
[59] ¿Por qué me mira tan fijo? Why do you stare at me so?
[60] Os van a crecer los ojos Your eyes are going to pop out
[61] ¿Os doy miedo? Do I frighten you?

FALÍN

(*Avanza también, más tímido.*) No habíamos visto
nunca a un peregrino.

DORINA

Yo sí; en las estampas. Llevan una cosa redonda en la
cabeza, como los santos.

ANDRÉS

(*Con aire superior.*) Los santos son viejos y todos
tienen barba. Ella es joven, tiene el pelo como la espiga [62]
y las manos blancas como una gran señora.

PEREGRINA

¿Te parezco hermosa? [63]

ANDRÉS

Mucho. Dice el abuelo que las cosas hermosas siempre
vienen de lejos.

PEREGRINA

(*Sonríe. Le acaricia los cabellos.*) Gracias, pequeño.
Cuando seas hombre, las mujeres te escucharán. (*Contempla la casa.*) Nietos, abuelo, y la lumbre encendida.[64]
Una casa feliz.

ABUELO

Lo fué.

PEREGRINA

Es la que llaman de Martín el de Narcés ¿no?

[62] tiene el pelo como la espiga with silken hair
[63] ¿Te parezco hermosa? Do you think I am beautiful?
[64] y la lumbre encendida and the fire burning in the fireplace

MADRE

Es mi yerno. ¿Le conoce?

PEREGRINA

He oído hablar de él. Mozo de sangre en flor, galán de ferias, y el mejor caballista [65] de la sierra.

DICHOS Y MARTÍN, *que vuelve*

MARTÍN

La yegua no está en el corral. Dejaron el portón abierto y se la oye relinchar por el monte.

ABUELO

No puede ser. Quico la dejó ensillada.

MARTÍN

¿Está ciego entonces? El que está ensillado es el cuatralbo.

MADRE

¿El potro? . . . (*Se levanta resuelta.*) ¡Eso sí que no! [66] ¡No pensarás montar ese manojo de nervios que se espanta de un relámpago!

MARTÍN

¿Y por qué no? Después de todo, alguna vez tenía que ser la primera. ¿Dónde está la espuela?

[65] **Mozo de sangre . . . caballista** A man in the flush of youth, the favorite at the fairs and the best rider
[66] **¡Eso sí que no!** That certainly cannot be!

MADRE

No tientes al cielo,[67] hijo. Los caminos están cubiertos de escarcha . . . y el paso del Rabión es peligroso.

MARTÍN

Siempre con tus miedos. ¿Quieres meterme en un rincón como a tus hijos? Ya estoy harto de que me guarden la espalda consejos de mujer,[68] y se me escondan las escopetas de caza. (*Enérgico.*) ¿Dónde está la espuela?

(TELVA *y el* ABUELO *callan. Entonces la* PEREGRINA *la descuelga tranquilamente de la chimenea.*)

PEREGRINA

¿Es ésta?

MARTÍN

(*La mira sorprendido. Baja el tono.*) Perdone que haya hablado tan fuerte. No la había visto. (*Mira a los otros como preguntando.*)

ABUELO

Va de camino, cumpliendo una promesa.[69]

PEREGRINA

Me han ofrecido su lumbre,[70] y quisiera pagar con un

[67] No tientes al cielo Don't tempt fate
[68] Ya estoy harto . . . mujer I am fed up with having women protect me with their advice
[69] Va de camino . . . promesa She is on her way to carry out a vow
[70] Me han ofrecido su lumbre They have offered me their hospitality

acto de humildad. (*Se pone de rodillas.*) ¿Me permite? . . . (*Le ciñe la espuela.*) [71]

MARTÍN

Gracias . . . (*Se miran un momento en silencio.
Ella, de rodillas aún.*)

PEREGRINA

Los Narcés [72] siempre fueron buenos jinetes.

MARTÍN

Así dicen. Si no vuelvo a verla, feliz viaje. Y duerma
tranquila, madre; no me gusta que me esperen de noche
con luz en las ventanas.[73]

ANDRÉS

Yo te tengo el estribo.[74]

DORINA

Y yo la rienda.

FALÍN

¡Los tres! [75] (*Salen con él.*)

MADRE, ABUELO, TELVA Y PEREGRINA

TELVA

(*A la* MADRE.) Usted tiene la culpa. ¿No conoce a los

---

[71] **Le ciñe la espuela** She straps the spur on him
[72] **Los Narcés** i.e. The men of the Narcés family
[73] **no me gusta . . . ventanas** I don't like to have anyone wait
for me at night with lighted windows
[74] **Yo te tengo el estribo** I'll hold the stirrup for you
[75] **¡Los tres!** The three of us! [will help you]

hombres todavía? Para que vayan por aquí hay que decirles que vayan por allá.

MADRE

¿Por qué las mujeres querrán siempre hijos? Los hombres son para el campo y el caballo. Sólo una hija llena la casa. (*Se levanta.*) Perdone que la deje, señora. Si quiere esperar el día aquí, no ha de faltarle nada.[76]

PEREGRINA

Solamente el tiempo de descansar.[77] Tengo que seguir mi camino.

TELVA

(*Acompañando a la* MADRE *hasta la escalera.*) ¿Va a dormir?

MADRE

Por lo menos a estar sola. Ya que nadie quiere escucharme, me encerraré en mi cuarto a rezar. (*Subiendo.*) Rezar es como gritar en voz baja . . . (*Pausa mientras sale. Vuelve a ladrar el perro.*)

TELVA

Maldito perro, ¿qué le pasa esta noche?[78]

ABUELO

Tampoco él tiene costumbre de sentir gente extraña.[79]

(TELVA, *que ha terminado de desgranar sus arvejas, toma una labor de calceta.*) [80]

[76] no ha de faltarle nada you won't lack anything
[77] Solamente . . . descansar [I'll stay] just long enough to rest
[78] ¿qué le pasa esta noche? what's the matter with him tonight?
[79] Tampoco él . . . extraña He isn't used to seeing strangers, either
[80] toma una labor de calceta picks up some knitting

PEREGRINA

¿Cómo han dicho que se llama ese paso peligroso de la sierra?

ABUELO

El Rabión.

PEREGRINA

Es junto al castaño grande ¿verdad? Lo quemó un rayo [81] hace cien años, pero allí sigue con el tronco retorcido y las raíces clavadas en la roca.

ABUELO

Para ser forastera conoce bien estos sitios.[82]

PEREGRINA

He estado algunas veces. Pero siempre de paso.[83]

ABUELO

Es lo que estoy queriendo recordar desde que llegó. ¿Dónde la he visto otra vez . . . y cuándo? ¿Usted no se acuerda de mí?

TELVA

¿Por qué había de fijarse ella? Si fuera mozo y galán, no digo,[84] pero los viejos todos son iguales.

ABUELO

Tuvo que ser aquí: yo no he viajado nunca. ¿Cuándo estuvo otras veces en el pueblo?

[81] Lo quemó un rayo It was struck by lightning
[82] Para ser . . . sitios For a stranger you seem to be well acquainted with these surroundings
[83] Pero siempre de paso But always just passing through
[84] ¿Por qué . . . no digo Why should she have noticed you? If you were young and handsome, yes (i.e. it would have been easier for her to remember you)

PEREGRINA

La última vez era un día de fiesta grande, con gaita y tamboril. Por todos los senderos bajaban parejas [85] a caballo adornadas de ramos verdes; y los manteles de la merienda cubrían todo el campo.

TELVA

La boda de la Mayorazga. ¡Qué rumbo, mi Dios! Soltaron a chorro los toneles de sidra,[86] y todas las aldeas de la contornada se reunieron en el Pradón a bailar la giraldilla.

PEREGRINA

Lo vi desde lejos. Yo pasaba por el monte.

ABUELO

Eso fué hace dos años. ¿Y antes? . . .

PEREGRINA

Recuerdo otra vez, un día de invierno. Caía una nevada tan grande que todos los caminos se borraron.[87] Parecía una aldea de enanos, con caperuzas blancas en las chimeneas y barbas de hielo colgando en los tejados.

TELVA

La nevadona. Nunca hubo otra igual.

ABUELO

¿Y antes . . . mucho antes . . . ?

[85] Por todos . . . parejas Along all the paths couples were coming down
[86] ¡Qué rumbo . . . sidra My heavens, what a celebration! Cider ran like water
[87] Caía una . . . caminos se borraron The snowfall was so heavy that the roads disappeared completely

PEREGRINA

(*Con un esfuerzo de recuerdo.*) Antes . . . hace ya tantos años que apenas lo recuerdo. Flotaba un humo de vinagre espeso que hacía daño en la garganta.[88] La sirena de la mina aullaba como un perro . . . Los hombres corrían apretando los puños . . . Por la noche, todas las puertas estaban abiertas, y las mujeres lloraban a gritos [89] dentro de las casas.

TELVA

(*Se santigua sobrecogida.*) ¡Virgen del Buen Recuerdo, aparta de mí ese día! [90] (*Entran los* NIÑOS *alegremente.*)

DICHOS Y LOS NIÑOS

DORINA

¡Ya va Martín galopando camino de la sierra!

FALÍN

¡Es el mejor jinete a cien leguas! [91]

ANDRÉS

Cuando yo sea mayor domaré potros como él.

TELVA

(*Levantándose y recogiendo su labor.*) Cuando seas

[88] Flotaba un humo . . . garganta There was then a thick cloud of acid smoke that burned your throat
[89] las mujeres lloraban a gritos women wept loudly
[90] ¡aparta de mí ese día! deliver me from that day!
[91] ¡Es el mejor . . . leguas! He is the best rider a hundred leagues around

mayor, Dios dirá. Pero mientras tanto, a la cama que es tarde. Acostado se crece más de prisa.[92]

ANDRÉS

Es muy temprano. La señora, que ha visto tantas cosas, sabrá contar cuentos y romances.

TELVA

El de las sábanas blancas es el mejor.

PEREGRINA

Déjelos. Los niños son buenos amigos míos, y voy a estar poco tiempo.

ANDRÉS

¿Va a seguir viaje esta noche? Si tiene miedo, yo la acompañaré hasta la balsa.

PEREGRINA

¡Tú! Eres muy pequeño todavía.

ANDRÉS

¿Y eso qué?[93] Vale más un hombre pequeño que una mujer grande. El abuelo lo dice.

TELVA

¿Lo oye? Son de la piel de Barrabás. Déles, déles la mano y verá qué pronto se toman el pie.[94] ¡A la cama he dicho!

ABUELO

Déjalos, Telva. Yo me quedaré con ellos.

[92] Acostado . . . de prisa When you are in bed you grow faster
[93] ¿Y eso qué? What of it?
[94] Son de la piel . . . el pie They are little devils. Give them an inch and they will take a mile

TELVA

¡Eso! Encima quíteme la autoridad y déles mal ejemplo. (*Sale rezongando.*) Bien dijo el que dijo: si el Prior juega a los naipes ¿qué harán los frailes? [95]

ABUELO

Si va a Compostela [96] puedo indicarle el camino.

PEREGRINA

No hace falta; está señalado en el cielo con polvo de estrellas.[97]

ANDRÉS

¿Por qué señalan ese camino las estrellas?

PEREGRINA

Para que no se pierdan los peregrinos que van a Santiago.

DORINA

¿Y por qué tienen que ir todos los peregrinos a Santiago?

PEREGRINA

Porque allí está el sepulcro del Apóstol.

FALÍN

¿Y por qué está allí el sepulcro del Apóstol?

[95] si el Prior . . . los frailes? What can be expected from the friars when the Prior himself plays cards? (*freely*) If silver will rust, what may iron do?
[96] Compostela (*or* Santiago de Compostela) the city in northwestern Spain that became famous in the Middle Ages as one of the most popular shrines for European pilgrims who, according to tradition, were guided there by the stars of the Milky Way
[97] polvo de estrellas i.e. the Milky Way

LOS TRES

¿Por qué?

ABUELO

No les haga caso. Más pregunta un niño que contesta un sabio.[98] (*Viéndola cruzar las manos en las mangas.*) Se está apagando el fuego. ¿Siente frío aún?

PEREGRINA

En las manos, siempre.

ABUELO

Partiré unos leños y traeré ramas de brezo, que huelen al arder. (*Sale hacia el corral. Los* Niños *se apresuran a rodear a la* Peregrina.)

PEREGRINA Y NIÑOS

DORINA

Ahora que estamos solos ¿nos contará un cuento?

PEREGRINA

¿No os los cuenta el abuelo?

ANDRÉS

El abuelo sabe empezarlos todos pero no sabe terminar ninguno. Se le apaga el cigarro en la boca, y en cuanto se pierde "Colorín-colorao, este cuento se ha acabao." [99]

DORINA

Antes era otra cosa. Angélica los sabía a cientos, algu-

---

[98] **Más pregunta . . . sabio** A child can ask more questions than a sage can answer
[99] **"Colorín-colorao . . . acabao"** a popular expression used to indicate the end of children's stories

nos hasta con música. Y los contaba como si se estuviera viendo.

ANDRÉS

El de Delgadina.[100] Y el de la moza que se vistió de hombre para ir a las guerras de Aragón.[101]

DORINA

Y el de la Xana [102] que hilaba madejas de oro en la fuente.

FALÍN

Y el de la raposa ciega, que iba a curarse los ojos a Santa Lucía . . .

PEREGRINA

¿Quién era Angélica?

DORINA

La hermana mayor. Todo el pueblo la quería como si fuera suya.[103] Pero una noche se marchó por el río.

ANDRÉS

Y desde entonces no se puede hablar fuerte, ni nos dejan jugar.

FALÍN

¿Tú sabes algún juego?

PEREGRINA

Creo que los olvidé todos. Pero si me enseñáis, puedo aprender. (*Los* NIÑOS *la rodean alborozados.*)

---

[100] See *Appendix* III, 1
[101] A version of this ballad may be read in R. Menéndez Pidal, *Flor Nueva de Romances Viejos*, p. 240
[102] See *Appendix* III, 2
[103] como si fuera suya as if she were their very own

FALÍN

A "serrín-serrán, maderitos de San Juan. . . ." [104]

DORINA

No. A "¡tú darás, yo daré, bájate del borriquito que yo me subiré!" [105]

ANDRÉS

Tampoco. Espera. Vuelve la cabeza para allá, [106] y mucho ojo con hacer trampa, [107] ¡eh! (*La* PEREGRINA *se tapa los ojos, mientras ellos, con las cabezas juntas, cuchichean.*) ¡Ya está! Lo primero hay que sentarse en el suelo. (*Todos obedecen.*) Así. Ahora cada uno va diciendo y todos repiten. [108] El que se equivoque, paga. ¿Va? [109]

TODOS

¡Venga!

(*Inician un juego pueril, de concatenaciones salmodiadas, [110] imitando con los gestos lo que dicen las palabras. El que dirige cada vuelta se pone en pie; [111] los demás contestan y actúan al unísono, sentados en corro.*)

[104] A "serrín-serrán . . ." see *Appendix* III, 3
[105] que yo me subiré for it is my turn to get on (*A children's game*)
[106] Vuelve la cabeza para allá Turn your head the other way
[107] y mucho ojo con hacer trampa and no tricks!
[108] Ahora cada uno . . . repiten Now each one will recite in turn and all together will repeat
[109] El que . . . ¿Va? The one who makes a mistake pays a forfeit. Agreed?
[110] Inician . . . salmodiadas They start a childish game, intoning a chain of psalm-like chants
[111] El que . . . en pie The one who calls the turns, stands up

ANDRÉS

Ésta es la botella de vino
que guarda en su casa el vecino.

CORO

Ésta es la botella de vino
que guarda en su casa el vecino.

FALÍN

(Se levanta mientras se sienta ANDRÉS.)
Éste es el tapón
de tapar
la botella de vino
que guarda en su casa el vecino.

CORO

Éste es el tapón
de tapar
la botella de vino
que guarda en su casa el vecino.

DORINA

(Se levanta mientras se sienta FALÍN.)
Éste es el cordón
de liar
el tapón
de tapar
la botella de vino
que guarda en su casa el vecino.

CORO

Éste es el cordón
de liar

el tapón
de tapar
la botella de vino
que guarda en su casa el vecino.

ANDRÉS

Ésta es la tijera
de cortar
el cordón
de liar
el tapón
de tapar
la botella de vino
que guarda en su casa el vecino.

CORO

Ésta es la tijera
de cortar
el cordón
de liar
el tapón
de tapar
la botella de vino
que guarda en su casa el vecino.

(*La* PEREGRINA, *que ha ido dejándose arrastrar*[112]
*poco a poco por la gracia cándida del juego, se levanta
a su vez, imitando exageradamente los gestos del borracho.*)[113]

[112] que ha ido ... arrastrar who is letting herself be influenced
[113] imitando ... del borracho overacting the drunkard

PEREGRINA

. . . Y éste es el borracho ladrón
que corta el cordón,
que suelta el tapón,
que empina el porrón
y se bebe el vino
que guarda en su casa el vecino.

(*Rompe a reír. Los niños la rodean y la empujan gritando:*)

NIÑOS

¡Borracha! ¡Borracha! ¡Borracha! . . .

(*La* PEREGRINA *se deja caer riendo cada vez más. Los niños la imitan riendo también. Pero la risa de la* PEREGRINA *va en aumento, nerviosa, inquietante, hasta una carcajada convulsa*[114] *que asusta a los pequeños. Se apartan mirándola medrosos. Por fin logra dominarse, asustada de sí misma.*)

PEREGRINA

Pero, ¿qué es lo que estoy haciendo? . . . ¿Qué es esto que me hincha la garganta y me retumba cristales en la boca? . . .[115]

DORINA

(*Medrosa aún.*) Es la risa.

---

[114] hasta una carcajada convulsa to a peal of hysterical laughter
[115] que me hincha . . . la boca which swells my heart and reverberates like crystaline music on my tongue?

PEREGRINA

¿La risa . . .? (*Se incorpora con esfuerzo.*) Qué cosa extraña . . . Es un temblor alegre que corre por dentro,[116] como las ardillas por un árbol hueco. Pero luego restalla en la cintura, y hace aflojar las rodillas . . .[117] (*Los Niños vuelven a acercarse tranquilizados.*)

ANDRÉS

¿No te habías reído nunca . . . ?

PEREGRINA

Nunca. (*Se toca las manos.*) Es curioso . . . me ha dejado calientes las manos . . . ¿Y esto que me late en los pulsos . . . ? ¡Y esto que me salta aquí dentro! . . .

DORINA

Es el corazón.

PEREGRINA

(*Casi con miedo.*) No puede ser . . . ¡Sería maravilloso . . . y terrible! (*Vacila fatigada.*) Qué dulce fatiga. Nunca imaginé que la risa tuviera tanta fuerza.

ANDRÉS

Los grandes se cansan [118] en seguida. ¿Quieres dormir?

PEREGRINA

Después; ahora no puedo. Cuando ese reloj dé las

---

[116] que corre por dentro that runs through my being
[117] Pero luego . . . rodillas But then I feel a weakening in the pit of my stomach and my knees begin to tremble
[118] Los grandes se cansan Older people get tired

nueve tengo que estar despierta.[119] Alguien me está esperando.

DORINA

Nosotros te llamaremos. (*Llevándola al sillón de la lumbre.*)[120] Ven. Siéntate.

PEREGRINA

¡No! No puedo perder un minuto. (*Se lleva un dedo a los labios.*) Silencio . . . ¿No oís, lejos, galopar un caballo? (*Los* NIÑOS *prestan atención. Se miran.*)

FALÍN

Yo no oigo nada.

DORINA

Será el corazón otra vez.

PEREGRINA

¡Ojalá! Ay, cómo me pesan los párpados. No puedo . . . no puedo más.[121] (*Se sienta rendida.*)

ANDRÉS

Angélica sabía unas palabras para hacernos dormir. ¿Quieres que te las diga?

PEREGRINA

Dí. Pero no lo olvides . . . a las nueve en punto . . .

[119] Cuando ese reloj . . . despierta When that clock strikes nine, I have to be awake
[120] al sillón de la lumbre to the armchair near the fireplace
[121] cómo me pesan . . . puedo más My eyelids are so heavy. I cannot stand it any longer

ANDRÉS

Cierra los ojos y vete repitiendo [122] sin pensar. (*Va salmodiando lentamente.*)
Allá arribita arribita . . . [123]

PEREGRINA

(*Repite, cada vez con menos fuerza.*)
Allá arribita arribita . . .

ANDRÉS

Hay una montaña blanca . . .

PEREGRINA

Hay una montaña blanca . . .

DORINA

En la montaña, un naranjo . . .

PEREGRINA

En la montaña, un naranjo . . .

FALÍN

En el naranjo, una rama . . .

PEREGRINA

En el naranjo, una rama . . .

ANDRÉS

Y en la rama cuatro nidos . . .
dos de oro y dos de plata . . .

[122] vete repitiendo begin to repeat
[123] Allá arribita . . . Way up there (*another game for children*)

PEREGRINA

(*Ya sin voz.*)

    Y en la rama cuatro nidos . . .

    cuatro nidos . . . cuatro . . . nidos . . .

ANDRÉS

Se durmió.

DORINA

Pobre . . . Debe estar rendida de tanto caminar.

(*El* ABUELO, *que ha llegado con leños y ramas secas contempla desde el umbral el final de la escena. Entra* TELVA.)

DICHOS, ABUELO Y TELVA

TELVA

¿Terminó ya el juego? Pues a la cama.

DORINA

(*Imponiéndole silencio.*) Ahora no podemos. Tenemos que despertarla cuando el reloj dé las nueve.

ABUELO

Yo lo haré. Llévalos, Telva.

TELVA

Lo difícil va a ser hacerlos dormir después de tanta novelería. ¡Andando! [124] (*Va subiendo la escalera con ellos.*)

---

[124] después de . . . ¡Andando! after so much story-telling. Come on now!

DORINA

Es tan hermosa. Y tan buena. ¿Por qué no le dices que se quede con nosotros?

ANDRÉS

No debe tener donde vivir . . . Tiene los ojos tristes.

TELVA

Mejor será que se vuelva por donde vino.[125] ¡Y pronto! No me gustan nada las mujeres que hacen misterios [126] y andan solas de noche por los caminos.

(Sale con los niños. Entretanto el ABUELO ha avivado el fuego. Baja la mecha del quinqué, quedando alumbrada la escena por la luz de la lumbre. Contempla intensamente a la dormida tratando de recordar.)

ABUELO

¿Dónde la he visto otra vez . . . .? ¿Y cuándo? . . .

Se sienta aparte a liar un cigarrillo, sin dejar de mirarla. El reloj comienza a dar las nueve. La PEREGRINA, como sintiendo una llamada,[127] trata de incorporarse con esfuerzo. Deslumbra lejos la luz vivísima de un relámpago. Las manos de la PEREGRINA resbalan nuevamente y continúa dormida. Fuera, aúlla cobarde y triste, el perro. Con la última campanada del reloj, cae el

T E L Ó N

[125] que se vuelva . . . vino that she goes back the way she came
[126] No me gustan . . . misterios I don't like mysterious women at all
[127] como sintiendo una llamada as if she had heard a call

ACTO SEGUNDO

En el mismo lugar, poco después, La PEREGRINA *sigue dormida. Pausa durante la cual se oye el tic-tac del reloj. El* ABUELO *se le acerca y vuelve a mirarla fijamente,[1] luchando con el recuerdo. La* PEREGRINA *continúa inmóvil.*

TELVA *aparece en lo alto de la escalera. Entonces el* ABUELO *se aparta y enciende con su eslabón el cigarro que se le ha apagado entre los labios.*

TELVA

(*Bajando la escalera.*) Trabajo me costó,[2] pero por fin están dormidos. (*El* ABUELO *le impone silencio. Baja el tono.*) Demonio de críos, y qué pronto se les llena la cabeza de fantasías.[3] Que si es la Virgen de los caminos . . . que si es una reina disfrazada . . . que si lleva un vestido de oro debajo del sayal . . .[4]

ABUELO

(*Pensativo.*) Quién sabe. A veces un niño ve más allá que un hombre. También yo siento que algo misterioso entró con ella en esta casa.

---

[1] se le acerca . . . fijamente approaches her and again stares at her
[2] Trabajo me costó What a job it was
[3] Demonio de críos . . . fantasías How quickly these devilish brats get fantastic notions into their heads
[4] Que si es . . . que si es . . . que si . . . One moment she is . . . then again she is . . . and sometimes she . . .

TELVA

¿A sus años? Era lo que nos faltaba. ¡A la vejez, pájaros otra vez! [5]

ABUELO

Cuando le abriste la puerta ¿no sentiste algo raro en el aire?

TELVA

El repelús de la escarcha. [6]

ABUELO

¿Y nada más . . . ?

TELVA

Déjeme de historias. Yo tengo mi alma en mi almario, y dos ojos bien puestos en mitad de la cara. Nunca me emborraché con cuentos. [7]

ABUELO

Sin embargo, esa sonrisa quieta . . . esos ojos sin color como dos cristales . . . y esa manera tan extraña de hablar . . .

TELVA

Rodeos para ocultar lo que le importa. [8] (*Levanta la mecha del quinqué, iluminando nuevamente la escena.*) Por eso no la tragué desde que entró. A mí me gusta la

---

[5] Era lo que . . . otra vez! That's all we needed! You seem to be in your second childhood
[6] El repelús de la escarcha [I felt] the cold air coming in
[7] Déjeme de historias . . . cuentos Enough of those silly stories! I know what I should believe. I have two eyes in my head and I never fall for tall tales
[8] Rodeos . . . importa Roundabout means to cover up the truth of the matter

gente que pisa fuerte y habla claro. (*Se fija en él.*) Pero,
¿qué le pasa, mi amo? . . . ¡Si está temblando como
una criatura!⁹

ABUELO

No sé . . . tengo miedo de lo que estoy pensando.

TELVA

Pues no piense . . . La mitad de los males salen de la
cabeza. (*Cogiendo nuevamente su calceta, se sienta.*)
Yo, cuando una idea no me deja en paz, cojo la calceta,
me pongo a cantar, y mano de santo.¹⁰

ABUELO

(*Se sienta nervioso junto a ella.*) Escucha, Telva,
ayúdame a recordar. ¿Cuándo dijo esa mujer que había
pasado por aquí otras veces?

TELVA

El día de la nevadona; cuando la nieve llegó hasta las
ventanas y se borraron todos los caminos.¹¹

ABUELO

Ese día el pastor se perdió al cruzar la cañada ¿te
acuerdas? Lo encontraron a la mañana siguiente, tendido entre sus ovejas, con la camisa dura como un
carámbano.

TELVA

(*Sin dejar su labor.*) ¡Lástima de hombre!¹² Parecía

---

⁹ ¡Si está temblando . . . criatura! Why, you are trembling like
a leaf!
¹⁰ y mano de santo and all goes well
¹¹ y se borraron todos los caminos and blotted from view the
roadways
¹² ¡Lástima de hombre! Poor fellow!

un San Cristobalón con su cayado y sus barbas de estopa,[13] pero cuando tocaba la zampoña, los pájaros se le posaban en los hombros.

ABUELO

Y la otra vez . . . ¿no fué cuando la boda de la Mayorazga?

TELVA

Eso dijo. Pero ella no estuvo en la boda; la vió desde lejos.

ABUELO

¡Desde el monte! El herrero había prometido cazar un corzo para los novios . . . Al inclinarse a beber en el arroyo, se le disparó la escopeta [14] y se desangró en el agua.

TELVA

Así fué. Los rapaces lo descubrieron cuando vieron roja el agua de la fuente. (*Inquieta de pronto, suspende su labor y lo mira fijamente.*) ¿A dónde quiere ir a parar con todo eso? [15]

ABUELO

(*Se levanta con la voz ahogada.*) Y cuando la sirena pedía auxilio y las mujeres lloraban a gritos en las casas ¿te acuerdas? . . . Fué el día que explotó el grisú en la mina. ¡Tus siete hijos, Telva!

[13] sus barbas de estopa his flaxen beard
[14] se le disparó la escopeta his musket went off on him (*frequently this indirect object, which the author uses quite often, cannot be rendered in English; it is also called ethical dative, because it indicates a certain concern or interest on the part of the speaker*)
[15] ¿A dónde . . . todo eso? What are you driving at with all this talk?

TELVA

(*Sobrecogida, levantándose también.*) ¿Pero, qué es lo que está pensando, mi Dios?

ABUELO

¡La verdad! ¡por fin! (*Inquieto.*) ¿Dónde dejaste a los niños?

TELVA

Dormidos como tres ángeles.

ABUELO

¡Sube con ellos! (*Empujándola hacia la escalera.*) ¡Cierra puertas y ventanas! ¡Caliéntalos con tu cuerpo si es preciso! ¡Y llame quien llame, que no entre nadie![16]

TELVA

¡Ángeles de mi alma![17] . . . ¡Líbralos, Señor, de todo mal! . . . (*Sale. El* ABUELO *se dirige resuelto hacia la dormida.*)

ABUELO

Ahora ya sé donde te he visto. (*La toma de los brazos con fuerza.*) ¡Despierta, mal sueño![18] ¡Despierta!

PEREGRINA Y ABUELO

PEREGRINA

(*Abre lentamente los ojos.*) Ya voy, ¿quién me llama?

_____

[16] ¡Y llame . . . entre nadie! And no matter who knocks, don't let anyone in!
[17] ¡Ángeles de mi alma! My little darlings!
[18] ¡Despierta, mal sueño! Wake up, you spook!

ABUELO

Mírame a los ojos, y atrévete a decir que no me conoces. ¿Recuerdas el día de la mina? También yo estaba allí, con el derrumbe sobre el pecho y el humo agrio en la garganta. Creíste que había llegado la hora y te acercaste demasiado. ¡Cuando el aire limpio entró con las piquetas ya había sentido tu frío y te había visto la cara!

PEREGRINA

(*Serenamente.*) Lo esperaba. Los que me han visto una vez no me olvidan nunca . . .

ABUELO

¿A qué aguardas ahora? [19] ¿Quieres que grite tu nombre por el pueblo para que te persigan los mastines y las piedras?

PEREGRINA

No lo harás. Sería inútil.

ABUELO

Creíste que podías engañarme, ¿eh? Soy ya muy viejo, y he pensado mucho en ti.

PEREGRINA

No seas orgulloso, abuelo. El perro no piensa y me conoció antes que tú. (*Se oye una campanada en el reloj.* [20] *La* PEREGRINA *lo mira sobresaltada.*) ¿Qué hora da ese reloj?

ABUELO

Las nueve y media.

[19] ¿A qué aguardas ahora? What are you waiting for now?
[20] Se oye una campanada en el reloj The clock is striking

PEREGRINA

(*Desesperada.*) ¿Por qué no me despertaron a tiempo? ¿Quién me ligó con dulces hilos que no había sentido nunca? (*Vencida.*) Lo estaba temiendo y no pude evitarlo. Ahora ya es tarde.

ABUELO

Bendito el sueño que te ató los ojos y las manos.

PEREGRINA

Tus nietos tuvieron la culpa. Me contagiaron su vida un momento, y hasta me hicieron soñar que tenía un corazón caliente. Sólo un niño podía realizar tal milagro.

ABUELO

Mal pensabas pagar [21] el amor con que te recibieron. ¡Y pensar que han estado jugando contigo!

PEREGRINA

¡Bah! ¡Tantas veces lo han hecho sin saberlo!

ABUELO

¿A quién venías a buscar? (*Poniéndose ante la escalera.*) Si es a ellos tendrás que pasar por encima de mí. [22]

PEREGRINA

¡Quién piensa en sus nietos, tan débiles aún! ¡Era un torrente de vida lo que me esperaba esta noche! [23] ¡Yo misma le ensillé el caballo y le calcé la espuela!

[21] **Mal pensabas pagar** You were intending to repay in a poor way
[22] **por encima de mí** over my body
[23] **¡Era un torrente . . . esta noche!** It was a real he-man who claimed my attention tonight!

ABUELO

¿Martín . . . ?

PEREGRINA

El caballista más galán de la sierra . . . Junto al castaño grande . . .

ABUELO

(*Triunfal.*) El castaño grande sólo está a media legua. ¡Ya habrá pasado de largo!

PEREGRINA

Pero mi hora nunca pasa del todo, bien lo sabes. Se aplaza, simplemente.

ABUELO

Entonces, vete. ¿Qué esperas todavía?

PEREGRINA

Ahora ya nada. Sólo quisiera, antes de marchar, que me despidieras sin odio, con una palabra buena.

ABUELO

No tengo nada que decirte. Por dura que sea la vida es lo mei _ que conozco.[24]

PEREGRINA

¿Tan distinta me imaginas de la vida? ¿Crees que podríamos existir la una sin la otra?

ABUELO

¡Vete de mi casa,[25] te lo ruego!

[24] Por dura . . . conozco However hard life may be, it is the best I know
[25] ¡Vete de mi casa . . . ! Leave my house. . . !

PEREGRINA

Ya me voy. Pero antes has de escucharme. Soy buena amiga de los pobres y de los hombres de conciencia limpia. ¿Por qué no hemos de hablarnos lealmente?

ABUELO

No me fío de ti. Si fueras leal no entrarías disfrazada en las casas, para meterte en las habitaciones tristes a la hora del alba.

PEREGRINA

¿Y quién te ha dicho que necesito entrar? Yo estoy siempre dentro, mirándoos crecer día por día desde detrás de los espejos.

ABUELO

No puedes negar tus instintos. Eres traidora y cruel.

PEREGRINA

Cuando los hombres me empujáis unos contra otros, sí. Pero cuando me dejáis llegar por mi propio paso . . . ¡cuánta ternura al desatar los nudos últimos! ¡Y qué sonrisas de paz en el filo de la madrugada! [26]

ABUELO

¡Calla! Tienes dulce la voz, y es peligroso escucharte.

PEREGRINA

No os entiendo. Si os oigo quejaros siempre de la vida ¿por qué os da tanto miedo dejarla?

---

[26] ¡**cuánta ternura . . . madrugada!** with what tenderness the final knots are loosed! And how peaceful are the smiles at dawn! (*The meaning of this passage is that death may come during the night, but at dawn all suffering is ended*)

ABUELO

No es por lo que dejamos.²⁷ Es porque no sabemos lo que hay al otro lado.

PEREGRINA

Lo mismo ocurre cuando el viaje es al revés. Por eso lloran los niños al nacer.

ABUELO

(*Inquieto nuevamente.*) ¡Otra vez los niños! Piensas demasiado en ellos . . .

PEREGRINA

Tengo nombre de mujer. Y si alguna vez les hago daño no es porque quiera hacérselo. Es un amor que no aprendió a expresarse . . . ¡Que quizá no aprenda nunca! (*Baja a un tono de confidencia íntima.*) Escucha, abuelo. ¿Tú conoces a Nalón el Viejo?

ABUELO

¿El que canta romances en las ferias?

PEREGRINA

El mismo. Cuando era niño tenía la mirada más hermosa que se vió en la tierra; una tentación azul que me atraía desde lejos.²⁸ Un día no pude resistir . . . y lo besé en los ojos.²⁹

---

²⁷ **No es por lo que dejamos** It isn't on account of what we leave behind
²⁸ **una tentación . . . lejos** a sort of bluish nostalgia that attracted me from afar to him
²⁹ **lo besé en los ojos** I kissed him on the eyes (i.e. he lost his eye-sight)

ABUELO

Ahora toca la guitarra y pide limosna en las romerías con su perro y su platillo de estaño.

PEREGRINA

¡Pero yo sigo queriéndole como entonces! Y algún día he de pagarle con dos estrellas todo el daño que mi amor le hizo.

ABUELO

Basta. No pretendas envolverme con palabras. Por hermosa que quieras presentarte yo sé que eres la mala yerba en el trigo y el muérdago en el árbol. ¡Sal de mi casa! No estaré tranquilo hasta que te vea lejos.

PEREGRINA

Me extraña de ti. Bien está que me imaginen odiosa los cobardes. Pero tú perteneces a un pueblo que ha sabido siempre mirarme de frente. Vuestros poetas me cantaron como a una novia. Vuestros místicos me esperaban en un éxtasis impaciente como una redención. Y el más grande de vuestros sabios, me llamó "libertad". Todavía recuerdo sus palabras, cuando salió a esperarme en un baño de rosas: "¿Quieres saber dónde está la libertad? ¡Todas las venas de tu cuerpo pueden conducirte a ella!" [30]

ABUELO

Yo no he leído libros. Sólo sé de ti lo que saben el perro y el caballo.

[30] The reference is to Seneca, born in Spain, who wrote much about the philosophy of death

PEREGRINA

(*Con profunda emoción de queja.*) [31] Entonces ¿por qué me condenas sin conocerme bien? ¿Por qué no haces un pequeño esfuerzo para comprenderme? (*Soñadora.*) También yo quisiera adornarme de rosas como las campesinas, vivir entre niños felices y tener un hombre hermoso a quien amar. Pero cuando voy a cortar las rosas todo el jardín se me hiela.[32] Cuando los niños juegan conmigo tengo que volver la cabeza por miedo a que se me queden quietos al tocarlos.[33] Y en cuanto a los hombres ¿de qué me sirve [34] que los más hermosos me busquen a caballo, si al besarlos siento que sus brazos inútiles me resbalan sin fuerza en la cintura.[35] (*Desesperada.*) ¿Comprendes ahora lo amargo de mi destino? [36] Presenciar todos los dolores sin poder llorar . . . Tener todos los sentimientos de una mujer sin poder usar ninguno . . . ¡Y estar condenada a matar siempre, siempre, sin poder nunca morir!

(*Cae abrumada en el sillón, con la frente entre las manos. El* ABUELO *la mira conmovido. Se acerca y le pone cordialmente una mano sobre el hombro.*)

ABUELO

Pobre mujer.

[31] Con profunda emoción de queja With great disappointment
[32] todo el jardín se me hiela the whole garden freezes up on me
[33] por miedo . . . al tocarlos for fear that my touch might wither them
[34] ¿de qué me sirve . . . ? what good does it do me . . . .
[35] sus brazos . . . cintura their arms grow lax and fall lifeless
[36] ¿ . . lo amargo de mi destino? how bitter is my fate?

PEREGRINA

Gracias, abuelo. Te había pedido un poco de comprensión, y me has llamado mujer, que es la palabra más
hermosa en labios de hombre. (*Toma el bordón que ha
dejado apoyado en la chimenea.*) En tu casa ya no
tengo nada que hacer esta noche; pero me esperan en
otros sitios. Adiós. (*Va hacia la puerta. Se oye, fuera,
la voz de* MARTÍN *que grita.*)

VOZ

¡Telva! . . . ¡Telva! . . .

ABUELO

Es él. Sal por la otra puerta. No quiero que te encuentren aquí.

PEREGRINA

(*Dejando nuevamente el bordón.*) ¿Por qué no? Ya
pasó la hora. Abre sin miedo. (*Vuelve a oírse la voz y
golpear la puerta con el pie.*)

VOZ

Pronto . . . ¡Telva! . . . (*La* MADRE *aparece en
lo alto de la escalera con un velón.*)

MADRE

¿Quién grita a la puerta?

ABUELO

Es Martín. (*Va a abrir. La* MADRE *baja.*)

MADRE

¿Tan pronto? No ha tenido tiempo de llegar a la
mitad del camino.

(*El* Abuelo *abre. Entra* Martín *trayendo en brazos a una muchacha con los vestidos y los cabellos húmedos. La* Madre *se estremece como ante un milagro. Grita con la voz ahogada.*)

PEREGRINA, ABUELO, MARTÍN, LA MADRE Y ADELA

MADRE

¡Angélica! . . . ¡Hija! . . . (*Corre hacia ella. El* Abuelo *la detiene.*)

ABUELO

¿Qué dices? ¿Te has vuelto loca . . . ?

(Martín *deja a la muchacha en el sillón junto al fuego. La* Madre *la contempla de cerca, desilusionada.*)

MADRE

Pero entonces . . . ¿Quién es?

MARTÍN

No sé. La vi caer en el río y pude llegar a tiempo. Está desmayada nada más.[37]

(*La* Peregrina *contempla extrañada a la desconocida. La* Madre *deja el velón en la mesa sollozando dulcemente.*)

MADRE

¿Por qué me has hecho esperar un milagro, Señor? No es ella . . . no es ella . . .

[37] **Está desmayada nada más** She has merely fainted

ABUELO

La respiración es tranquila. Pronto el calor la volverá el sentido.[88]

MARTÍN

Hay que tratar de reanimarla. (*A la* PEREGRINA.) ¿Qué podemos hacer?

PEREGRINA

(*Con una sonrisa impasible.*) No sé . . . Yo no tengo costumbre.

ABUELO

Unas friegas de vinagre le ayudarán. (*Toma un frasco de la chimenea.*)

MADRE

Déjame, yo lo haré. Ojalá hubiera podido hacerlo entonces. (*Se arrodilla ante* ADELA *frotándole pulsos y sienes.*)

ABUELO

Y a ti . . . ¿te ha ocurrido algo?

MARTÍN

Al pasar el Rabión, un relámpago me deslumbró el caballo [39] y rodamos los dos por la barranca. Pero no ha sido nada.

PEREGRINA

(*Se acerca a él, sacando su pañuelo del pecho.*) ¿Me permite . . . ?

---

[88] Pronto . . . sentido Warmth will soon make her recover consciousness
[39] un relámpago . . . caballo a streak of lightning blinded my horse

MARTÍN

¿Qué tengo? [40]

PEREGRINA

Nada . . . Una manchita roja en la sien. (*Lo limpia amorosamente.*)

MARTÍN

(*La mira un momento fascinado.*) Gracias.

MADRE

Ya vuelve en sí. [41]

(*Rodean todos a* ADELA, *menos la* PEREGRINA *que contempla la escena aparte, con su eterna sonrisa.* ADELA *abre lentamente los ojos; mira extrañada lo que la rodea.*)

ABUELO

No tenga miedo. Ya pasó el peligro.

ADELA

¿Quién me trajo aquí?

MARTÍN

Pasaba junto al río y la vi caer.

ADELA

(*Con amargo reproche.*) ¿Por qué lo hizo? No me caí, fué voluntariamente . . .

ABUELO

¿A su edad? Si no ha tenido tiempo de conocer la vida.

[40] ¿Qué tengo? What's wrong with me?
[41] Ya vuelve en sí She is coming to, now

ADELA

Tuve que reunir todas mis fuerzas para atreverme. Y todo ha sido inútil.

MADRE

No hable . . . respire hondo.[42] Así. ¿Está más aliviada ahora?[43]

ADELA

Me pesa el aire en el pecho como plomo. En cambio, allí en el río, era todo tan suave y tan fácil . . .

PEREGRINA

(*Como ausente.*) Todos dicen lo mismo. Es como una venda de agua en el alma.

MARTÍN

Ánimo. Mañana habrá pasado todo como un mal sueño.

ADELA

Pero yo tendré que volver a caminar sola como hasta hoy; sin nadie a quien querer . . . sin nada que esperar . . .

ABUELO

¿No tiene una familia . . . una casa?

ADELA

Nunca he tenido nada mío. Dicen que los ahogados recuerdan en un momento toda su vida. Yo no pude recordar nada.

[42] **respire hondo** take a deep breath
[43] **¿Está más aliviada ahora?** Do you feel better now?

MARTÍN

Entre tantos días [44] ¿no ha tenido ninguno feliz?

ADELA

Uno solo, pero hace ya tanto tiempo.[45] Fué un día de vacaciones en casa de una amiga, con sol de campo [46] y rebaños trepando por las montañas. Al caer la tarde se sentaban todos alrededor de los manteles, y hablaban de cosas hermosas y tranquilas . . . Por la noche las sábanas olían a manzana y las ventanas se llenaban de estrellas. Pero el domingo es un día tan corto. (*Sonríe amarga.*) Es bien triste que en toda una vida sólo se pueda recordar un día de vacaciones . . . en una casa que no era nuestra. (*Desfallece. Vuelve a cerrar los ojos.*) Y ahora, a empezar otra vez . . .

ABUELO

Ha vuelto a perder el sentido. (*Mirando angustiado a la* PEREGRINA.) ¡Tiene heladas las manos! [47] ¡No le siento el pulso!

PEREGRINA

(*Tranquilamente sin mirar.*) Tranquilízate, abuelo. Está dormida, simplemente.

MARTÍN

No podemos dejarla así. Hay que acostarla en seguida.

MADRE

¿Dónde?

---

[44] **Entre tantos días** In all your days
[45] **pero hace ya tanto tiempo** but that was so long ago
[46] **con sol de campo** a bright, sunshiny day in the country
[47] **¡Tiene heladas las manos!** Her hands are like ice!

MARTÍN

No hay más que un sitio en la casa.

MADRE

(*Rebelándose ante la idea.*) ¡En el cuarto de Angélica, no!

ABUELO

Tiene que ser. No puedes cerrarle esa puerta.

MADRE

¡No! Podéis pedirme que le dé mi pan y mis vestidos
... todo lo mío.[48] ¡Pero el lugar de mi hija, no!

ABUELO

Piénsalo; viene de la misma orilla, con agua del mismo
río en los cabellos ... Y es Martín quien la ha traído
en brazos. Es como una orden de Dios.

MADRE

(*Baja la cabeza, vencida.*) Una orden de Dios ...
(*Lentamente va a la mesa y toma el velón.*) Súbela.
(*Sube delante alumbrando.*[49] MARTÍN *la sigue con*
ADELA *en brazos.*) ¡Telva: abre el arca ... y calienta
las sábanas de hilo! (PEREGRINA y ABUELO *los miran
hasta que desaparecen.*)

PEREGRINA Y ABUELO

ABUELO

Muy pensativa te has quedado.

---

[48] todo lo mío everything that is mine
[49] Sube delante alumbrando She goes ahead lighting the way

PEREGRINA

Mucho. Más de lo que tú piensas.

ABUELO

¡Mala noche para ti, eh! Te dormiste en la guardia, y se te escaparon [50] al mismo tiempo un hombre en la barranca y una mujer en el río.

PEREGRINA

El hombre, sí. A ella no la esperaba.

ABUELO

Pero la tuviste bien cerca. ¿Qué hubiera pasado si Martín no llega a tiempo?

PEREGRINA

La habría salvado otro . . . o quizá ella misma. Esa muchacha no me estaba destinada todavía.

ABUELO

¿Todavía? ¿Qué quieres decir?

PEREGRINA

(*Pensativa.*) No lo entiendo. Alguien se ha propuesto anticipar las cosas, que deben madurar a su tiempo.[51] Pero lo que está en mis libros no se puede evitar. (*Va a tomar el bordón.*) Volveré.

ABUELO

Aguarda. Explícame esas palabras.

---

[50] se te escaparon slipped by you
[51] Alguien . . . a su tiempo Some one took it into his head to precipitate things which would have come about in due course

PEREGRINA

Es difícil, porque tampoco yo las veo claras. Por primera vez me encuentro ante un misterio que yo misma no acierto a comprender.[52] ¿Qué fuerza empujó a esa muchacha antes de tiempo?

ABUELO

¿No estaba escrito así en tu libro?

PEREGRINA

Sí, todo lo mismo; el río, la muchacha . . . y el hombre que ha de traerla en brazos a tu casa. ¡Pero no era esta noche! Todavía es temprano.

ABUELO

Olvídate de ella. ¿No puedes perdonar por una vez siquiera?

PEREGRINA

Te prometo que no sufrirá; es lo único que puedo hacer.

ABUELO

¡Es tan hermosa, y la vida le ha dado tan poco! Sólo ha tenido un día feliz.

PEREGRINA

Tendrá otros. Y sin embargo será ella la que venga a buscarme voluntariamente. Ni tú ni yo podemos evitarlo.

ABUELO

¡No quiero creerlo! ¿Por qué tiene que morir en plena juventud?

[52] **que yo misma . . . comprender** that even I don't quite understand

PEREGRINA

¿Crees que lo sé yo? A la vida y a mí nos ocurre esto muchas veces; que no sabemos el camino, pero siempre llegamos a donde debemos ir. (*Abre la puerta. Lo mira.*) Te tiemblan las manos otra vez.

ABUELO

Por ella. Está sola en el mundo, y podría hacer tanto bien en esta casa ocupando el vacío que dejó la otra. Si fuera por mí [53] te recibiría tranquilo. Tengo setenta años.

PEREGRINA

(*Con suave ironía.*) Muchos menos, abuelo. Esos setenta que dices, son los que no tienes ya. (*Va a salir.*)

ABUELO

Espera. ¿Puedo hacerte una última pregunta?

PEREGRINA

Dí.

ABUELO

¿Cuándo tienes que volver?

PEREGRINA

Mira la luna; está completamente redonda. Cuando se ponga redonda otras siete veces, volveré por el río. Pero no me mires con rencor. Yo te juro que si no viniera, tú mismo me llamarías. Y que ese día bendecirás mi nombre. ¿No me crees todavía?

ABUELO

No sé . . .

---

[53] **Si fuera por mí** If it were for myself alone

PEREGRINA

Pronto te convencerás; ten confianza en mí. Y ahora, que me conoces mejor, despídeme sin odio y sin miedo. Somos los dos bastante viejos para ser buenos compañeros. (*Le tiende la mano.*) [54] Adiós, amigo.

ABUELO

Adiós . . . amiga . . .

(*La* PEREGRINA *se aleja. El* ABUELO *la contempla ir, absorto, mientras se calienta contra el pecho la mano que ella estrechó.*)

[54] **Le tiende la mano** She offers her hand to him

T E L Ó N

ACTO TERCERO

En el mismo lugar unos meses después. Luz de tarde.
El paisaje del fondo, invernal en los primeros actos, tiene
ahora el verde maduro del verano. En escena hay un
costurero y un gran bastidor con una labor colorista em-
pezada.

ANDRÉS *y* DORINA *hacen un ovillo.* FALÍN *enreda lo*
que puede. QUICO, *el mozo del molino, está en escena en*
actitud de esperar órdenes. Llega ADELA, *de la cocina.*
QUICO *se descubre y la mira embobado.*

QUICO

Me dijeron que tenía que hablarme.

ADELA

¿Y cuándo no?[1] La yerba está pudriéndose de humedad en la tenada, la maquila del centeno se la comen los
ratones, y el establo sigue sin mullir. ¿En qué está pensando, hombre de Dios?

QUICO

¿Yo? ¿Yo estoy pensando?

ADELA

¿Por qué no se mueve entonces?[2]

QUICO

No sé. Me gusta oírla hablar.

[1] ¿Y cuándo no? And when don't I?
[2] ¿Por qué . . . entonces? Why don't you get a move on then?

63

ADELA

¿Necesita música para el trabajo?

QUICO

Cuando canta el carro [3] se cansan menos los bueyes.

ADELA

Mejor que la canción es la aguijada. ¡Vamos! ¿Qué espera? (*Viendo que sigue inmóvil.*) ¿Se ha quedado sordo de repente?

QUICO

(*Dando vueltas a la boina.*) No sé lo que me pasa. Cuando me habla el ama, oigo bien. Cuando me habla Telva, también. Pero usted tiene una manera de mirar que cuando me habla no oigo lo que dice.

ADELA

Pues cierre los ojos, y andando que ya empieza a caer el sol.[4]

QUICO

Voy, mi ama. Voy. (*Sale lento, volviéndose todavía desde la puerta del corral.* FALÍN *vuelca con estruendo una caja de lata llena de botones.*)

ADELA

¿Qué haces tú ahí, Barrabás?

FALÍN

Estoy ayudando.

[3] See *Appendix* III, 4
[4] **y andando . . . caer el sol** and be on your way, for the sun is beginning to set

ADELA

Ya veo, ya. Recógelos uno por uno y de paso a ver si [5] aprendes a contarlos. (*Se sienta a trabajar en el bastidor.*)

DORINA

Cuando bordas ¿puedes hablar y pensar en otra cosa?

ADELA

Claro que sí. ¿Por qué?

DORINA

Angélica lo hacía también. Y cuando llegaba la fiesta de hoy nos contaba esas historias de encantos que siempre ocurren la mañana de San Juan. [6]

ANDRÉS

¿Sabes tú alguna?

ADELA

Muchas. Son romances viejos que se aprenden de niña y no se olvidan nunca. ¿Cuál queréis?

DORINA

Hay uno precioso de un conde que llevaba su caballo a beber al mar.

(ADELA *suspende un momento su labor, levanta la cabeza y recita con los ojos lejanos.*)

[5] y de paso a ver si and as you do it, let's see if
[6] la mañana de San Juan the early morning of St. John's Day
(see *Appendix* II)

ADELA

"Madrugaba el Conde Olinos
mañanita de San Juan
a dar agua a su caballo
a las orillas del mar.

Mientras el caballo bebe
él canta un dulce cantar;
todas las aves del cielo
se paraban a escuchar;
caminante que camina
olvida su caminar;
navegante que navega
la nave vuelve hacia allá . . ." [7]

ANDRÉS

¿Por qué se paraban los caminantes y los pájaros?

ADELA

Porque era una canción encantada, como la de las sirenas.

ANDRÉS

¿Y para quién la cantaba?

ADELA

Para Alba-Niña, la hija de la reina.

FALÍN

¿Se casaron?

[7] This is a very old ballad with somewhat similar theme to that in the story of Tristan and Isolde (A complete version of this ballad may be read in Luis Santullano, *Romancero español*, p. 1348)

ADELA

No. La reina, llena de celos, los mandó matar a los dos. Pero de ella nació un rosal blanco; de él un espino albar. Y las ramas fueron creciendo hasta juntarse . . .

DORINA

Entonces la reina mandó cortar también las dos ramas ¿no fué así?

ADELA

Así fué. Pero tampoco así consiguió separarlos:
        "De ella naciera una garza,
        de él un fuerte gavilán.
        Juntos vuelan por el cielo
        ¡Juntos vuelan, par a par!" [8]

ANDRÉS

Esas cosas sólo pasaban antes. Ahora ya no hay milagros.

ADELA

Éste sí; [9] es el único que se repite siempre. Porque cuando un amor es verdadero, ni la misma muerte puede nada contra él.[10]

DORINA

Angélica sabía esos versos; pero los decía cantando. ¿Sabes tú la música?

[8] (*freely*) Through the heavens fly they onward,
        Through the heavens side by side!
[9] Éste sí This one is [a miracle]
[10] ni la misma . . . contra él not even death itself can harm it

ADELA

También. (*Canta.*)

"Madrugaba el Conde Olinos
mañanita de San Juan   5
a dar agua a su caballo
a las orillas del mar . . .

NIÑOS

(*Acompañando el estribillo.*)
A las orillas del mar . . .

ADELA

(*Viendo al* ABUELO *que bajaba la escalera y se ha detenido a escuchar.*) ¿Quiere algo, abuelo?

ABUELO

Nada. Te miraba entre los niños, cantando esas cosas antiguas, y me parecía estar soñando. (*Llega junto a ella y la contempla.*) ¿Qué vestido es ése?

ADELA

Madre quiso que me lo pusiera para la fiesta de esta noche. ¿No lo recuerda?

ABUELO

¿Cómo había de olvidarlo? Angélica misma lo tejió y bordó el aljófar sobre el terciopelo. Lo estrenó una noche de San Juan, como hoy. (*Mira lo que está haciendo.*) ¿Y esa labor?

ADELA

La encontré empezada, en el fondo del arca.

ABUELO

¿Sabe la Madre que la estás haciendo?

ADELA

Ella misma me encargó terminarla. ¿Le gusta? Después de cuatro años, los hilos están un poco más pálidos. (*Levanta los ojos.*) ¿Por qué me mira así?

ABUELO

Te encuentro cada día más cambiada . . . más parecida a la otra.

ADELA

Será el peinado. A Madre le gusta así.

ABUELO

Yo, en cambio, preferiría que fueras tú misma en todo; sin tratar de parecerte a nadie.

ADELA

Ojalá fuera yo como la que empezó este bordado.

ABUELO

Eres como eres, y así está bien. Ahora, poniéndote sus vestidos y peinándote lo mismo, te estás pareciendo a ella tanto . . . que me da miedo.

ADELA

Miedo, ¿por qué?

ABUELO

No sé . . . Pero si te hubieran robado un tesoro y encontraras otro, no volverías a esconderlo en el mismo sitio.

ADELA

No lo entiendo, abuelo.

ABUELO

Son cosas mías.[11] (*Sale por la puerta del fondo, abierta de par en par,*[12] *explorando el camino.*)

ADELA

¿Qué le pasa hoy al abuelo?

DORINA

Toda la tarde está vigilando los caminos.

ANDRÉS

Si espera al gaitero, todavía es temprano: la fiesta no empieza hasta la noche.

FALÍN

¿Iremos a ver las hogueras?

ADELA

¡Y a bailar y a saltar por encima de la llama!

ANDRÉS

¿De verdad? Antes nunca nos dejaban ir. ¡Y daba una rabia[13] oír la fiesta desde aquí con las ventanas cerradas!

ADELA

Eso ya pasó. Esta noche iremos todos juntos.

FALÍN

¿Yo también?

ADELA

(*Levantándolo en brazos.*) ¡Tú el primero, como un

---

[11] **Son cosas mías** Just a notion of mine
[12] **de par en par** wide open
[13] **¡Y daba una rabia . . . !** And it used to make me so mad . . . !

hombrecito! (*Lo besa sonoramente. Después lo deja nuevamente en el suelo dándole una palmada.*) ¡Hala! A buscar leña para la hoguera grande. ¿Qué hacéis aquí encerrados?[14] El campo se ha hecho para correr.[15]

NIÑOS

¡A correr! ¡A correr!

FALÍN

(*Se detiene en la puerta.*) ¿Puedo tirar piedras a los árboles?

ADELA

¿Por qué no?

FALÍN

El otro día tiré una a la higuera del cura, y todos me riñeron.

ADELA

Estarían verdes los higos.

FALÍN

No, pero estaba el cura debajo. (*Salen riendo.* ADELA *ríe también. Entra* TELVA.)

ADELA Y TELVA

TELVA

Gracias a Dios que se oye reír en esta casa.

---

[14] ¿Qué hacéis aquí encerrados? What are you doing here inside?
[15] El campo ... para correr The outdoors was made for running and playing

ADELA

(*Volviendo a su labor.*) Son una gloria de criaturas.[16]

TELVA

Ahora sí; desde que van a la escuela y pueden correr a sus anchas,[17] tienen por el día mejor color y por la noche mejor sueño. Pero tampoco conviene demasiado blandura.[18]

ADELA

No dan motivo para otra cosa.

TELVA

De todas maneras; bien están los besos y los juegos, pero un azote a tiempo también es salud. Vinagre y miel sabe mal, pero hace bien.[19]

ADELA

Del vinagre ya se encargan ellos.[20] Ayer Andrés anduvo de pelea y volvió a casa morado de golpes.[21]

TELVA

Mientras sea con otros de su edad, déjalos; así se hacen fuertes. Y los que no se pelean de pequeños lo

[16] Son . . . de criaturas They are precious darlings
[17] a sus anchas to their heart's content
[18] Pero tampoco . . . blandura But neither is too much pampering a good thing
[19] pero hace bien but they do you good
[20] Del vinagre . . . ellos They have already tasted the bitterness of life
[21] anduvo de pelea . . . golpes was in a fight and returned home black and blue with bruises

hacen luego de mayores,[22] que es peor. Es como el renacuajo, que mueve la cola, y dale y dale y dale . . .
hasta que se la quita de encima.[23] ¿Comprendes?

ADELA

¡Tengo tanto que aprender todavía!

TELVA

No tanto. Lo que tú has hecho aquí en unos meses no
lo había conseguido yo en años. ¡Ahí es nada![24] Una
casa que vivía a oscuras, y un golpe de viento que abre
de pronto todas las ventanas. Eso fuiste tú.[25]

ADELA

Aunque así fuera. Por mucho que haga [26] no será
bastante para pagarles todo el bien que les debo.

(TELVA *termina de arreglar el vasar y se sienta junto a
ella ayudándole a devanar una madeja.*)

TELVA

¿Podías hacer más? Desde que Angélica se nos fué,[27]
la desgracia se había metido en esta casa como cuchillo
por pan. Los niños, quietos en el rincón, la rueca llena
de polvo, y el ama con sus ojos fijos y su rosario en la
mano. Toda la casa parecía un reloj parado. Ahora ha

---

[22] de pequeños . . . mayores when they are children, do it when
they are grown-ups
[23] que mueve . . . encima that wiggles and wiggles his tail until it
drops right off
[24] ¡Ahí es nada! Just imagine!
[25] Eso fuiste tú That's what you were
[26] Por mucho que haga However much I may do
[27] se nos fué left us

vuelto a andar, y hay un pájaro para cantar las horas nuevas.

ADELA

Más fueron ellos para mí.[28] Pensar que no tenía nada, ni la esperanza siquiera, y cuando quise morir el cielo me lo dió todo de golpe: madre, abuelo, hermanos. ¡Toda una vida empezada por otra para que la siguiera yo! (*Con una sombra en la voz, suspendiendo la labor.*) A veces pienso que es demasiado para ser verdad, y que de pronto voy a despertarme sin nada otra vez a la orilla del río . . .

TELVA

(*Santiguándose rápida.*) ¿Quieres callar, malpocada?[29] ¡Miren qué ideas para un día de fiesta! (*Le tiende nuevamente la madeja.*) ¿Por qué te has puesto triste de repente?

ADELA

Triste no. Estaba pensando que siempre falta algo para ser feliz del todo.

TELVA

(*La mira. Voz confidencial.*) ¿Y ese algo . . . tiene los ojos negros y espuelas en las botas?

ADELA

Martín.

TELVA

Me lo imaginaba.

---

[28] Más fueron ellos para mí They meant much more to me
[29] ¿Quieres callar, malpocada? Will you be still, silly one?

ADELA

Los demás todos me quieren bien. ¿Por qué tiene que ser precisamente él, que me trajo a esta casa, el único que me mira como a una extraña? Nunca me ha dicho una buena palabra.

TELVA

Es su carácter. Los hombres enteros son como el pan bien amasado: cuanto más dura tienen la corteza más tierna esconden la miga.[30]

ADELA

Si alguna vez quedamos solos, siempre encuentra una disculpa para irse. O se queda callado, con los ojos bajos, sin mirarme siquiera.

TELVA

¿También eso? Malo, malo, malo. Cuando los hombres nos miran mucho, puede no pasar nada; pero cuando no se atreven a mirarnos, todo puede pasar.[31]

ADELA

¿Qué quiere usted decir?

TELVA

¡Lo que tú te empeñas en callar! Mira, Adela, si quieres que nos encontremos, no me vengas nunca con rodeos.[32] Las palabras difíciles hay que cogerlas sin miedo, como las brasas en los dedos. ¿Qué es lo que sientes tú por Martín?

[30] **cuanto más . . . miga** the harder the crust, the softer the inside
[31] **puede no pasar . . . pasar** probably nothing will happen; but when they don't dare look at us, well, then anything may happen
[32] **si quieres . . . con rodeos** if you want us to get along together, don't beat around the bush with me

ADELA

El afán de pagarle de algún modo lo que hizo por mí. Me gustaría que me necesitara alguna vez; encenderle el fuego cuando tiene frío, o callar juntos cuando está triste, como dos hermanos.

TELVA

¿Y nada más?

ADELA

¿Qué más puedo esperar?

TELVA

¿No se te ha ocurrido pensar que es demasiado joven para vivir solo, y que a su edad sobra la hermana y falta la mujer? [33]

ADELA

¡Telva! . . . (*Se levanta asustada.*) ¿Pero cómo puede imaginar tal cosa?

TELVA

No sería ningún disparate, digo yo.

ADELA

Sería algo peor; una .traición. Hasta ahora he ido ocupando uno por uno todos los sitios de Angélica, sin hacer daño a su recuerdo. Pero queda el último, el más sagrado. ¡Ése sigue siendo suyo y nadie debe entrar nunca en él!

(*Comienza a declinar la luz.*[34] MARTÍN *llega del campo.*

[33] a su edad . . . la mujer at his age he needs a wife and not a sister
[34] Comienza a declinar la luz It begins to grow dark

*Al verlas juntas se detiene un momento. Luego, se dirige
a* TELVA.)

TELVA, ADELA Y MARTÍN

MARTÍN

¿Tienes por ahí alguna venda? [35]

TELVA

¿Para qué?

MARTÍN

Tengo dislocada esta muñeca [36] desde ayer. Hay que
sujetarla.

TELVA

A ti te hablan, Adela. (ADELA *rasga una tira y se
acerca a él.*)

ADELA

¿Por qué no lo dijiste ayer mismo?

MARTÍN

No me di cuenta. Debió de ser al descargar el carro.

TELVA

¿Ayer? Qué raro; no recuerdo que haya salido el carro
en todo el día.

MARTÍN

(*Aspero.*) Pues sería al podar el nogal, o al uncir los
bueyes. ¿Tengo que acordarme cómo fué?

[35] ¿Tienes . . . alguna venda? Do you have a bandage somewhere
around?
[36] Tengo dislocada esta muñeca My wrist has been dislocated

TELVA

Eso allá tú.[37] Tuya es la mano.

ADELA

(*Vendando con cuidado.*) ¿Te duele?

MARTÍN

Aprieta fuerte. Más. (*La mira mientras ella termina el vendaje.*) ¿Por qué te has puesto ese vestido?

ADELA

No fué idea mía. Pero si no te gusta . . .

MARTÍN

No necesitas ponerte vestidos de nadie; puedes encargarte los que quieras. ¿No es tuya la casa? (*Comienza a subir la escalera. Se detiene un instante y dulcifica el tono, sin mirarla apenas.*) Y gracias.

TELVA

Menos mal. Sólo te faltaba morder la mano que te cura.[38] (*Sale* MARTÍN.) ¡Lástima de vara de avellano! [39]

ADELA

(*Recogiendo su labor, pensativa.*) Cuando mira los trigales no es así. Cuando acaricia a su caballo, tampoco. Sólo es conmigo . . . (*Entra la* MADRE, *del campo.*)

---

[37] **Eso allá tú** That's up to you
[38] **Menos mal . . . te cura** That's better. The only thing left for you to do would be to bite the hand that fed you
[39] **¡Lástima ʼ. . . avellano!** He ought to be beaten! [with a hazel rod]

MADRE, ADELA Y TELVA. *Después* QUICO

ADELA

Ya iba a salir a buscarla. ¡Fué largo el paseo, eh!

MADRE

Hasta las viñas. Está hermosa la tarde y ya huele a
verano todo el campo.

TELVA

¿Pasó por el pueblo?

MADRE

Pasé. ¡Qué desconocido está! La parra de la fragua
llega hasta el corredor; en el huerto parroquial hay
árboles nuevos. Y esos chicos se dan tanta prisa en crecer . . . Algunos ni me conocían.

TELVA

Pues qué, ¿creía que el pueblo se había dormido todo
este tiempo?

MADRE

Hasta las casas parecen más blancas. Y en el sendero
del molino han crecido rosales bravos.

ADELA

¿También estuvo en el molino?

MADRE

También. Por cierto que esperaba encontrarlo mejor
atendido. ¿Dónde está Quico?

TELVA

(*Llama en voz alta.*) ¡Quico! . . .

VOZ DE QUICO

¡Va . . . !

MADRE

Ven que te vea de cerca, niña.[40] ¿Me están faltando los
ojos o está oscureciendo ya? [41]

ADELA

Está oscureciendo. (TELVA *enciende el quinqué.*)

MADRE

Suéltate un poco más el pelo [42] . . . Así . . . (*Lo
hace ella misma, acariciando cabellos y vestido.*) A ver
ahora . . . (*La contempla entornando los ojos.*) Sí . . .
así era . . . Un poco más claros los ojos, pero la misma
mirada. (*La besa en los ojos. Entra* QUICO, *con un ramo
en forma de corona adornado de cintas de colores.*)

QUICO

Mande, mi ama.

MADRE

La presa del molino chorrea el agua como una cesta,
y el tejado y la rueda están comidos de verdín. En la
cantera del pomar hay buena losa. (*El mozo contempla
a* ADELA *embobado.*) ¿Me oyes?

QUICO

¿Eh? . . . Sí, mi ama.

---

[40] **Ven que te vea . . . niña** Come closer, child, so that I may have
a good look at you
[41] **¿Me están . . . oscureciendo ya?** Are my eyes failing or is it
getting dark already?
[42] **Suéltate . . . el pelo** Let your hair down just a little more

MADRE

Para las palas de la rueda no hay madera como la de fresno. Y si puede ser mañana, mejor que pasado. ¿Me oyes o no?

QUICO

¿Eh? . . . Sí, mi ama. Así se hará.[43]

MADRE

Ahora voy a vestirme yo también para la fiesta. El dengue de terciopelo y las arracadas de plata, como en los buenos tiempos.[44]

TELVA

¿Va a bajar al baile?

MADRE

Hace cuatro años que no veo arder las hogueras. ¿Te parece mal?

TELVA

Al contrario. También a mí me está rebullendo la sangre, y si las piernas me responden, todavía va a ver esta mocedad del día lo que es bailar un perlindango.[45]

ADELA

(*Acompañando a la* MADRE.) ¿Está cansada? Apóyese en mi brazo.

MADRE

(*Subiendo con ella.*) Gracias . . . hija.

[43] Así se hará It will be done as you say
[44] como en los buenos tiempos just as in the good old days
[45] y si las piernas . . . perlindango and if my legs don't act up, the younger generation will see yet how a perlindango should be danced (see *Appendix* III, 10)

Telva y Quico

TELVA

Las viñas, el molino y hasta el baile de noche alrededor del fuego. ¡Quién la ha visto y quién la ve! [46] . . . (*Cambia el tono mirando a* Quico *que sigue con los ojos fijos en el sitio por donde salió* Adela.) Cuídate los ojos, rapaz, que se te van a escapar por la escalera.[47]

QUICO

¿Hay algo malo en mirar?

TELVA

Fuera del tiempo que pierdes, no. ¿Merendaste ya? [48]

QUICO

Y fuerte. Pero, si lo hay, siempre queda un rincón para un cuartillo.[49]

(Telva *le sirve el vino. Entretanto él sigue adornando su ramo.*)

¿Le gusta el ramo? [50] Roble, acebo y laurel.

TELVA

No está mal. ¿Pero por qué uno solo? Las hijas del alcalde son tres.

---

[46] ¡Quién la ha visto y quién la ve! What change has come over her!

[47] que se te van . . . escalera or you'll wear them out looking at the stairway

[48] ¿Merendaste ya? Have you had your bite to eat yet?

[49] Y fuerte . . . cuartillo I [ate] heartily. But if you have some [wine] around, I always have room for a quart

[50] See *Appendix* I

QUICO

¡Y dale! [51]

TELVA

Claro que las otras pueden esperar. Todos los santos tienen octava,[52] y éste dos:

> "La noche de San Pedro
> te puse el ramo,
> la de San Juan no pude
> que estuve malo."

QUICO

No es para ellas. Eso ya pasó.[53]

TELVA

¿Hay alguna nueva?

QUICO

No hace falta. Poner el ramo no es cortejar.

TELVA

¡No pensarás colgarlo en la ventana de Adela! . . .

QUICO

A muchos mozos les gustaría; pero ninguno se atreve.

TELVA

¿No se atreven? ¿Por qué?

QUICO

Por Martín.

[51] ¡Y dale! There you go again!
[52] See *Appendix* III, 5
[53] Eso ya pasó That's all over now

TELVA

¿Y qué tiene que ver Martín? [54] ¿Es su marido o su novio?

QUICO

Ya sé que no. Pero hay cosas que la gente no comprende.

TELVA

¿Por ejemplo?

QUICO

Por ejemplo . . . que un hombre y una mujer jóvenes, que no son familia,[55] vivan bajo el mismo techo.

TELVA

¡Era lo que me faltaba oír! [56] ¿Y eres tú, que los conoces y comes el pan de esta casa, el que se atreve a pensar eso? (*Empuñando la jarra.*) ¡Repítelo si eres hombre!

QUICO

Eh, poco a poco, que yo no pienso nada. Usted me tira de la lengua, y yo digo lo que dicen por ahí.[57]

TELVA

¿Dónde es por ahí?

QUICO

Pues, por ahí . . . En la quintana, en la taberna.

[54] ¿Y qué tiene que ver Martín? *And what does Martin have to do with all that?*
[55] que no son familia *that are not related*
[56] ¡Era lo que me faltaba oír! *That's all I needed to know!*
[57] y yo digo . . . ahí *and I only repeat what everyone around says*

TELVA

La taberna. Buena parroquia para decir misa. ¡Y buen tejado el de la tabernera para tirarle piedras al del vecino! [58] (*Se sienta a su lado y le sirve otro vaso.*) Vamos, habla. ¿Qué es lo que dice en su púlpito esa santa predicadora?

QUICO

Cosas . . . Que si esto y que si lo otro y que si lo de más allá.[59] Ya se sabe: la lengua es la navaja de las mujeres.

TELVA

¡Díjolo Blas, punto redondo! [60] ¿Y eso es todo? Además de ese caldo alguna tajada habría en el sermón.[61]

QUICO

Que si Adela llegó sin tener donde caerse muerta [62] y ahora es el ama de la casa . . . Que si está robando todo lo que era de Angélica . . . Y que, si empezó ocupándole los manteles,[63] por qué no había de terminar ocupándole las sábanas.[64] Anoche estaba de gran risa [65] comentándolo con el rabadán cuando llegó Martín.

[58] ¡Buena parroquia . . . del vecino! (*ironical*) That's a fine church to say mass (a fine spot for good talk). And the saloon-keeper's wife lives in a mighty fine glass house to be throwing stones at her neighbor's
[59] Que si esto . . . más allá [She says] this, that and the other thing
[60] ¡Díjolo Blas, punto redondo! You said it, period (*an ironical expression to cut short those who always pretend to be in the right*)
[61] Además . . . sermón (*ironical*) Besides this beef-tea, there must have been some meat in the sermon
[62] donde caerse muerta poorer than a church mouse
[63] ocupándole los manteles by taking her place at the table
[64] i.e. bed
[65] estaba de gran risa she was having a wonderful time

TELVA

¡Ay, mi Dios! ¿Martín lo oyó?

QUICO

Nadie lo pudo evitar. Entró de repente, pálido como la cera, volcó al rabadán encima de la mesa y luego quería obligarlo a ponerse de rodillas para decir el nombre de Adela. Entonces los mozos quisieron meterse por medio [66] . . . y tuvieron unas palabras.

TELVA

¡Aha! Fuertes debieron ser las palabras porque ha habido que vendarle una mano. ¿Y después?

QUICO

Después nada. Cada uno salió por donde pudo; [67] él se quedó allí solo bebiendo . . . y buenas noches.[68]

TELVA

(*Recogiendo de golpe jarra y vaso.*) Pues buenas noches, galán. Apréndete tú la lección por si acaso. Y díle de mi parte a la tabernera que deje en paz las honras ajenas y cuide la suya, si puede. ¡Que en cuestión de hombres, con la mitad de su pasado tendrían muchas honradas para hacerse un porvenir! ¡Largo de aquí, pelgar! [69] . . . (*Ya en la puerta del fondo, a gritos.*) ¡Ah, y de paso puedes decirle también que le eche un poco más de vino al agua que vende . . . Ladrona! (*Queda sola rezongando.*) ¡Naturalmente! ¿De dónde

---

[66] quisieron meterse por medio tried to interfere
[67] Cada uno . . . pudo Everyone went out wherever he could
[68] y buenas noches and that was all
[69] ¡Largo de aquí, pelgar! Out of here, you lazy bones!

iba a salir la piedra? [70] El ojo malo todo lo ve dañado.
¡Y cómo iba a aguantar ésa una casa feliz sin meterse a
infernar! [71] (*Comienza a subir la escalera.*) ¡Lengua de
hacha! ¡Ana Bolena! ¡Lagarta seca! . . . (*Vuelve el*
ABUELO.)

ABUELO

¿Qué andas ahí rezongando?

TELVA

(*De mal humor.*) ¿Le importa mucho? [72] ¿Y a usted
qué tábano le picó que no hace más que entrar y salir y
vigilar los caminos? ¿ Espera a alguien?

ABUELO

A nadie. ¿Dónde está Adela?

TELVA

Ahora le digo que baje. Y anímela un poco; últimamente le andan malas neblinas por la cabeza. [73] (*Sigue
con su retahíla hasta desaparecer.*) ¡Bruja de escoba!
¡lechuza vieja! ¡Mal rayo la parta, [74] amén!

(*Pausa. El* ABUELO, *inquieto, se asoma nuevamente a
explorar el camino. Mira al cielo. Baja* ADELA.)

---

[70] ¿De dónde . . . la piedra? Where else could the brick-bat have
come from? (*The reference is to Telva's belief that the "tabernera"
is the origin of all the gossip in town, a mud-slinger with little
respect towards other people's reputations*)
[71] sin meterse a infernar! without butting in with slander!
[72] ¿Le importa mucho? What do you care?
[73] últimamente . . . cabeza lately she's been preoccupied with
strange ideas •
[74] ¡Mal rayo la parta! May lightning strike her!

ADELA

¿Me mandó llamar,[75] abuelo?

ABUELO

No es nada. Sólo quería verte. Saber que estabas bien.

ADELA

¿Qué podría pasarme? Hace un momento que nos hemos visto.

ABUELO

Me decía Telva que te andaban rondando no sé qué ideas tristes por la cabeza.[76]

ADELA

Bah, tonterías. Pequeñas cosas, que una misma agranda porque a veces da gusto llorar sin saber por qué.

ABUELO

¿Tienes algún motivo de queja?

ADELA

¿Yo? Sería tentar al cielo. Tengo más de lo que pude soñar nunca. Mamá se está vistiendo de fiesta para llevarme al baile; y hace la noche más hermosa del año.[77] (*Desde el umbral del fondo.*) Mire, abuelo: todo el cielo está temblando de estrellas. ¡Y la luna está completamente redonda!

---

[75] ¿Me mandó llamar? Did you send for me?
[76] te andaban . . . cabeza you had all sorts of sad ideas running through your mind
[77] hace la noche . . . año it's the most beautiful night of the year

(*El* ABUELO *se estremece al oír estas palabras. Repite en voz baja como una obsesión.*)

ABUELO

Completamente redonda . . . (*Mira también al cielo, junto a ella.*) Es la séptima vez desde que llegaste.

ADELA

¿Tanto ya? [78] ¡Qué cortos son los días aquí!

ABUELO

(*La toma de los brazos, mirándola fijamente.*) Dime la verdad, por lo que más quieras.[79] ¿Eres verdaderamente feliz?

ADELA

Todo lo que se puede ser en la vida.

ABUELO

¿No me ocultas nada?

ADELA

¿Por qué había de mentir?

ABUELO

No puede ser . . . tiene que haber algo. Algo que quizá tú misma no ves claro todavía. Que se está formando dentro, como esas nubes de pena que de pronto estallan [80] . . . ¡y que sería tan fácil destruir si tuviéramos un buen amigo a quien contarlas a tiempo!

[78] ¿Tanto ya? Has it been that long already?
[79] por lo que más quieras by whatever you love best
[80] como esas nubes . . . estallan like those clouds of trouble that explode all of a sudden

ADELA

(*Inquieta a su vez.*) No le entiendo, abuelo. Pero me parece que no soy yo la que está callando algo aquí. ¿Qué le pasa hoy?

ABUELO

Serán imaginaciones. Si por lo menos pudiera creer que soñé aquel día. Pero no; fué la misma noche que llegaste tú . . . ¡Y tú estás aquí, de carne y hueso! [81] . . .

ADELA

¿De qué sueño habla?

ABUELO

No me hagas caso; no sé lo que digo. Tengo la sensación de que nos rodea un gran peligro . . . que va a saltarnos encima de repente, sin que podamos defendernos ni saber siquiera por dónde viene . . . ¿Tú has estado alguna vez sola en el monte cuando descarga la tormenta?

ADELA

Nunca.

ABUELO

Es la peor de las angustias. Sientes que el rayo está levantado en el aire como un látigo. Si te quedas quieta, lo tienes encima; si echas a correr es la señal para que te alcance.[82] No puedes hacer nada más que esperar lo invisible, conteniendo el aliento . . . ¡Y un miedo animal se te va metiendo en la carne,[83] frío y temblando, como el morro de un caballo!

[81] de carne y hueso in flesh and blood (i.e. actually)
[82] para que te alcance for it to overtake you
[83] se te va metiendo en la carne is taking possession of you

ADELA

(*Lo mira asustada. Llama en voz alta.*) ¡Madre! . . .

ABUELO

¡Silencio! No te asustes, criatura. ¿Por qué llamas?

ADELA

Por usted.[84] Es tan extraño todo lo que está diciendo . . .

ABUELO

Ya pasó;[85] tranquilízate. Y repíteme que no tienes ningún mal pensamiento, que eres completamente feliz, para que yo también quede tranquilo.

ADELA

¡Se lo juro! ¿Es que no me cree? Soy tan feliz que no cambiaría un solo minuto de esta casa por todos los años que he vivido antes.

ABUELO

Gracias, Adela. Ahora quiero pedirte una cosa. Esta noche en el baile no te separes de mí. Si oyes que alguna voz te llama, apriétame fuerte la mano y no te muevas de mi lado. ¿Me lo prometes?

ADELA

Prometido.

(*El* ABUELO *le estrecha las manos. De pronto presta atención.*)

---

[84] Por usted For your sake
[85] Ya pasó It's all over now

ABUELO

¿Oyes algo?

ADELA

Nada.

ABUELO

Alguien se acerca por el camino de la era.

ADELA

Rondadores quizá. Andan poniendo el ramo del cortejo en las ventanas.[86]

ABUELO

Ojalá . . .

(*Sale hacia el corral.* ADELA *queda preocupada mirándole ir. Luego, lentamente se dirige a la puerta del fondo. Entonces aparece la* PEREGRINA *en el umbral.* ADELA *se detiene sorprendida.*)

PEREGRINA Y ADELA. *Después,* LOS NIÑOS

PEREGRINA

Buenas noches, muchacha.

ADELA

Dios la guarde, señora. ¿Busca a alguien de la casa?

PEREGRINA

(*Entrando.*) El abuelo estará esperándome. Somos buenos amigos, y tengo una cita aquí esta noche. ¿No me recuerdas?

[86] See *Appendix* I

ADELA

Apenas . . . como desde muy lejos.

PEREGRINA

Nos vimos sólo un momento, junto al fuego . . .
cuando Martín te trajo del río. ¿Por qué cierras los ojos?

ADELA

No quiero recordar ese mal momento. Mi vida empezó a la mañana siguiente.

´PEREGRINA

No hablabas así aquella noche. Al contrario; te oí
decir que en el agua era todo más hermoso y más fácil.

ADELA

Estaba desesperada. No supe lo que decía.

PEREGRINA

Comprendo. Cada hora tiene su verdad. Hoy tienes
otros ojos [87] y un vestido de fiesta; es natural que tus
palabras sean de fiesta también. Pero ten cuidado no las
cambies al cambiar el vestido. (*Deja el bordón. Llegan
corriendo los niños y la rodean gozosos.*)

DORINA

¡Es la andariega de las manos blancas!

FALÍN

¡Nos hemos acordado tanto de ti! ¿Vienes para la
fiesta?

---

[87] **Hoy tienes otros ojos** Today you see things in a different light

ANDRÉS

¡Yo voy a saltar la hoguera como los grandes! [88]
¿Vendrás con nosotros?

PEREGRINA

No. Cuando los niños saltan por encima del fuego no
quisiera nunca estar allí. (*A* ADELA.) Son mis mejores
amigos. Me hicieron una gran travesura, [89] pero ya pasó.
Ellos me acompañarán.

ADELA

¿No necesita nada de mí?

PEREGRINA

Ahora no. ¿Irás luego al baile?

ADELA

A media noche; cuando enciendan las hogueras.

PEREGRINA

Las hogueras se encienden al borde del agua, ¿verdad?

ADELA

Junto al remanso.

PEREGRINA

(*La mira fijamente.*) Está bien. Volveremos a vernos
a la orilla del río. (ADELA *baja los ojos impresionada y
sale por el fondo.*)

[88] See *Appendix* I
[89] Me hicieron una gran travesura They played a big prank
on me

PEREGRINA Y NIÑOS

FALÍN

¿Por qué tardaste tanto en volver?

ANDRÉS

¡Ya creíamos que no llegabas nunca!

DORINA

¿Has caminado mucho en este tiempo?

PEREGRINA

Mucho. He estado en los montes de nieve, y en los desiertos de arena, y en la galerna del mar ... Cien países distintos, millares de caminos ... y un sólo punto de llegada para todos.

DORINA

¡Qué hermoso viajar tanto!

FALÍN

¿No descansas nunca?

PEREGRINA

Nunca. Sólo aquí me dormí una vez.

ANDRÉS

Pero hoy no es noche de dormir. ¡Es la fiesta de San Juan!

DORINA

¿En los otros pueblos también encienden hogueras?

PEREGRINA

En todos.

FALÍN

¿Por qué?

PEREGRINA

En honor del sol. Es el día más largo del año, y la
noche más corta.[90]

FALÍN

Y el agua ¿no es la misma de todos los días?

PEREGRINA

Parece; pero no es la misma.

ANDRÉS

Dicen que bañando las ovejas a media noche se libran
de los lobos.

DORINA

Y la moza que coge la flor del agua al amanecer se
casa dentro del año.[91]

FALÍN

¿Por qué es milagrosa el agua esta noche?

PEREGRINA

Porque es la fiesta del Bautista. En un día como éste
bautizaron a Cristo.

DORINA

Yo lo he visto en un libro; San Juan lleva una piel de
ciervo alrededor de la cintura, y el Señor está metido
hasta las rodillas en el mar.[92]

---

[90] See *Appendix* III, 6
[91] See *Appendix* II
[92] está metido . . . el mar is up to his knees in the sea

ANDRÉS

¡En un río!

DORINA

Es igual.

ANDRÉS

No es igual. El mar es cuando hay una orilla; el río cuando hay dos.

FALÍN

Pero eso fué hace mucho tiempo, y lejos. No fué en el agua de aquí.

PEREGRINA

No importa. Esta noche todos los ríos del mundo llevan una gota del Jordán. Por eso es milagrosa el agua.

(*Los niños la miran fascinados. Ella les acaricia los cabellos. Vuelve el* ABUELO *y al verla entre los niños sofoca un grito.*)

ABUELO

¡Deja a los niños! ¡No quiero ver tus manos sobre su cabeza!

(*Se oye, lejos, música de gaita y tamboril. Los niños se levantan alborozados.*)

ANDRÉS

¿Oyes? ¡La gaita, abuelo!

DORINA Y FALÍN

¡La música! ¡Ya viene la música! (*Salen corriendo por el fondo.*)

PEREGRINA Y ABUELO

ABUELO

Por fin has vuelto.

PEREGRINA

¿No me esperabas?

ABUELO

Tenía la esperanza de que te hubieras olvidado de nosotros.

PEREGRINA

Nunca falto a mis promesas. Por mucho que me duela a veces.[93]

ABUELO

No creo en tu dolor. Si lo sintieras, no habrías elegido para venir la noche más hermosa del año.

PEREGRINA

Yo no puedo elegir. Me limito a obedecer.

ABUELO

¡Mentira! ¿Por qué me engañaste aquel día? Me dijiste que si no venías te llamaría yo mismo. ¿Te he llamado acaso? ¿Te ha llamado ella?

PEREGRINA

Aún es tiempo. La noche no ha hecho más que empezar.[94]

[93] Por mucho . . . a veces No matter how much it hurts me at times
[94] Aún es tiempo . . . empezar There is still time. The night has only begun

ABUELO

Ni te espera ni te buscará, te lo juro. Adela es completamente feliz.

PEREGRINA

¿Te lo ha dicho ella?

ABUELO

Aquí mismo, hace un momento.

PEREGRINA

Me extraña. Los verdaderamente felices nunca saben
que lo han sido hasta después . . . cuando ya pasó.

ABUELO

Pasa de largo, te lo pido de rodillas.[95] Bastante daño
has hecho ya a esta casa.

PEREGRINA

No puedo regresar sola.

ABUELO

Yo iré contigo si quieres. Llévate mis ganados, mis
cosechas, todo lo que tengo. Pero no dejes vacía mi casa
otra vez, como cuando te llevaste a Angélica.

PEREGRINA

(*Tratando de recordar.*) Angélica . . . ¿Quién es esa
Angélica de la que todos habláis?

ABUELO

¡Y eres tú quién lo pregunta! ¿Has podido olvidar
hasta su nombre?

[95] Pasa de largo . . . rodillas Go on by. I beg you on bended
knees

PEREGRINA

Los niños me hablaron de ella una vez.

ABUELO

Sin embargo tu memoria es fría y dura como un espejo. ¿No recuerdas una noche de diciembre, en el remanso . . . hace cuatro años? (*Mostrándole un medallón que saca del pecho.*) Mírala aquí. Todavía llevaba en los oídos las canciones de boda,[96] y el gusto del primer amor entre los labios. ¿Qué has hecho de ella?[97]

PEREGRINA

(*Contempla el medallón.*) Hermosa muchacha . . . ¿Era la esposa de Martín?

ABUELO

Tres días lo fué. ¿No lo sabes? ¿Por qué finges no recordarla ahora?

PEREGRINA

Yo no miento, abuelo. Te digo que no la conozco. ¡No la he visto nunca! (*Le devuelve el medallón.*)

ABUELO

(*La mira sin atreverse a creer.*) ¿No la has visto?

PEREGRINA

Nunca.

ABUELO

Pero, entonces . . . ¿Dónde está? (*Tomándola de los brazos con profunda emoción.*) ¡Habla!

[96] Todavía . . . de boda The wedding bells were still ringing in her ears
[97] ¿Qué has hecho de ella? What have you done with her?

PEREGRINA

¿La buscasteis en el río?

ABUELO

Y todo el pueblo con nosotros. Pero sólo encontramos el pañuelo que llevaba en los hombros.

PEREGRINA

¿La buscó Martín también?

ABUELO

Él no. Se encerraba en su cuarto apretando los puños. (*La mira, inquieto de pronto.*) ¿Por qué lo preguntas?

PEREGRINA

No sé . . . Hay aquí algo oscuro que a los dos nos importa averiguar.

ABUELO

Si no lo sabes tú ¿quién puede saberlo?

PEREGRINA

El que más cerca estuviera de ella.

ABUELO

¿Quién?

PEREGRINA

Quizá el mismo Martín . . .

ABUELO

No es posible. ¿Por qué había de engañarnos? . . .

PEREGRINA

Ése es el secreto. (*Rápida, bajando la voz.*) Silencio, abuelo. Él baja. Déjame sola.

ABUELO

¿Qué es lo que te propones?

PEREGRINA

(*Imperativa.*) ¡Saber! Déjame. (*Sale el* ABUELO *por la izquierda. La* PEREGRINA *llega al umbral del fondo y llama en voz alta.*) ¡Adela! . . . (*Después, antes que* MARTÍN *aparezca, se desliza furtivamente por primera derecha.* MARTÍN *baja. Llega* ADELA.)

MARTÍN Y ADELA

ADELA

¿Me llamabas?

MARTÍN

Yo no.

ADELA

Qué extraño. Me pareció oír una voz.

MARTÍN

En tu busca iba.⁹⁸ Tengo algo que decirte.

ADELA

Muy importante ha de ser para que me busques. Hasta ahora siempre has huído de mí.

MARTÍN

No soy hombre de muchas palabras. Y lo que tengo que decirte esta noche cabe en una sola. Adiós.

⁹⁸ En tu busca iba I was looking for you

ADELA

¿Adiós? . . . ¿Sales de viaje? [99]

MARTÍN

Mañana, con los arrieros, a Castilla.

ADELA

¡Tan lejos! ¿Lo saben los otros?

MARTÍN

Todavía no. Tenía que decírtelo a ti la primera.

ADELA

Tú sabrás por qué. ¿Vas a estar fuera mucho tiempo?

MARTÍN

El que haga falta. [100] No depende de mí.

ADELA

No te entiendo. Un viaje largo no se decide así de repente y a escondidas, como una fuga. ¿Qué tienes que hacer en Castilla?

MARTÍN

Qué importa; compraré ganados o renuevos para las viñas. Lo único que necesito es estar lejos. Es lo mejor para los dos. [101]

ADELA

¿Para los dos? ¿Es decir, que soy yo la que te estorba?

[99] ¿Sales de viaje? Are you going on a trip?
[100] El que haga falta As long as necessary
[101] Es lo mejor para los dos It's the best thing for both of us

MARTÍN

Tú no; el pueblo entero. Estamos viviendo bajo el mismo techo, y no quiero que tu nombre ande de boca en boca.[102]

ADELA

¿Qué pueden decir de nosotros? Como a un hermano te miré desde el primer día, y si algo hay sagrado para mí es el recuerdo de Angélica. (*Acercándose a él.*) No, Martín, tú no eres un cobarde para huir así de los perros que ladran. Tiene que haber algo más hondo. ¡Mírame a los ojos! ¿Hay algo más?

MARTÍN

(*Esquivo.*) ¡Déjame! . . .

ADELA

Si no es más que la malicia de la gente, yo les saldré al paso por los dos.[103] ¡Puedo gritarles en la cara que es mentira!

MARTÍN

(*Con arrebato repentino.*) ¡Y de qué sirve que lo grites tú [104] si no puedo gritarlo yo! Si te huyo cuando estamos solos, si no me atrevo a hablarte ni a mirarte de frente, es porque quisiera defenderme contra lo imposible . . . ¡contra lo que ellos han sabido antes que yo mismo! ¡De qué me vale [105] morderme los brazos y retor-

---

[102] y no quiero . . . boca and I don't want your name to be bandied about
[103] yo les saldré . . . los dos I shall take care of that for both of us
[104] ¡Y de qué sirve que lo grites tú! And what good does it do for you to shout it!
[105] ¡De qué me vale . . . ! What good is it for me. . . !

cerme entre las sábanas diciendo ¡no! si todas mis entrañas rebeldes gritan que sí! . . .[106]

ADELA

¡Martín! . . .

MARTÍN

(*Dominándose con esfuerzo.*) No hubiera querido
decírtelo, pero ha sido más fuerte que yo. Perdona . . .
(ADELA *tarda en reaccionar, como si despertara.*)

ADELA

Perdonar . . . qué extraño me suena eso ahora. Yo
soy la que tendría que pedir perdón, y no sé a quién ni
por qué. ¿Qué es lo que está pasando por mí? Debería
echarme a llorar ¡y toda la sangre me canta por las
venas arriba! [107] Me daba miedo que algún día pudieras
decirme esas palabras ¡y ahora que te las oigo, ya no
quisiera escuchar ninguna más! . . .

MARTÍN

(*Tomándola en brazos.*) Adela . . .

ADELA

(*Entregándose.*) ¡Ninguna más! . . . (MARTÍN *la
besa en un silencio violento. Pausa.*)

MARTÍN

¿Qué va a ser de nosotros ahora? . . .[108]

[106] si todas . . . gritan que sí when everything within me screams
yes
[107] ¡y toda la sangre . . . arriba! and yet my blood tingles with
happiness!
[108] ¿Qué va a ser . . . ahora? What's to become of us now?

ADELA

¡Qué importa ya! Me has dicho que me quieres, y aunque sea imposible, el habértelo oído una sola vez vale toda una vida. Ahora, si alguien tiene que marchar de esta casa, seré yo la que salga.

MARTÍN

¡Eso no!

ADELA

Es necesario. ¿Crees que la madre podría aceptar nunca otra cosa? Nuestro amor sería para ella la peor traición al recuerdo de Angélica.

MARTÍN

¿Y crees tú que si Angélica fuera sólo un recuerdo tendría fuerza para separarnos? ¡Los muertos no mandan!

ADELA

Ella sí. Su voluntad sigue viviendo aquí, y yo seré la primera en obedecer.

MARTÍN

(*Resuelto.*) Escúchame, Adela. ¡No puedo más![109] Necesito compartir con alguien esta verdad que se me está pudriendo dentro.[110] Angélica no era esa imagen hermosa que soñáis. Todo ese encanto que hoy la rodea con reflejos de agua, todo es un recuerdo falso.[111]

ADELA

¡No, calla! ¿Cómo puedes hablar así de una mujer a quien has querido?

[109] ¡No puedo más! I cannot endure it any more!
[110] que se me está . . . dentro which is wearing me down
[111] todo es un recuerdo falso it's all a false conception

MARTÍN

Demasiado. Ojalá no la hubiera querido tanto. ¡Pero a ti no te engañará! Tú tienes que saber que toda su vida fué una mentira. Como lo fué también su muerte.

ADELA

¿Qué quieres decir?

MARTÍN

¿No lo has comprendido aún? Angélica vive. Por eso nos separa.

ADELA

¡No es posible! . . . (*Se deja caer en un asiento, repitiendo la idea sin sentido.*) No es posible . . . (*Con la frente entre las manos escucha la narración de* MARTÍN.)

MARTÍN

Mientras fuimos novios, era eso que todos recuerdan: una ternura fiel, una mirada sin sombra y una risa feliz que penetraba desde lejos como el olor de la yerba segada. Hasta que hizo un viaje para encargar las galas de la boda. Con pocos días hubiera bastado, pero tardó varias semanas. Cuando volvió no era la misma; traía cobardes los ojos, y algo como la arena del agua se le arrastraba en la voz.[112] Al decir el juramento en la iglesia apenas podía respirar; y al ponerle el anillo las manos le temblaban . . . tanto que mi orgullo de hombre se lo agradeció. Ni siquiera me fijé en aquel desconocido que asistía a la ceremonia desde lejos sacudiéndose con la

---

[112] traía cobardes . . . en la voz her eyes had a coward's shiftiness and her voice was as grating as sea-sand

fusta el polvo de las botas. Durante tres días tuvo fiebre, y mientras me creía dormido la oía llorar en silencio mordiendo la almohada. A la tercera noche, cuando la vi salir hacia el río y corrí detrás, ya era tarde; ella misma desató la barca y cruzó a la otra orilla donde la esperaba aquel hombre con dos caballos . . .

ADELA

(*Con ira celosa.*) ¿Y los dejaste marchar así? ¡Tú, el mejor jinete de la sierra, llorando entre los juncos!

MARTÍN

Toda la noche galopé inútilmente, con la escopeta al hombro y las espuelas chorreando sangre. Hasta que el sol me pegó como una pedrada en los ojos.[113]

ADELA

¿Por qué callaste al volver?

MARTÍN

¿Podía hacer otra cosa? En el primer momento ni siquiera lo pensé. Pero cuando encontraron su pañuelo en el remanso y empezó a correr la voz de que se había ahogado, comprendí que debía callar. Era lo mejor.

ADELA

¿Lo hiciste pensando en la madre y los hermanos?

MARTÍN

No.

ADELA

¿Por ti mismo?[114] ¿Por cubrir tu honra de hombre?

---

[113] Hasta que . . . los ojos Until the sun struck me in the eyes like a rain of stones
[114] ¿Por ti mismo? [Did you do it] for your own sake?

MARTÍN

No, Adela, no me juzgues tan pequeño; lo hice sólo
por ella. Un amor no se pierde de repente . . . y decir
la verdad era como desnudarla delante del pueblo entero.
¿Comprendes ahora por qué me voy? ¡Porque te quiero
y no puedo decírtelo honradamente! Tú podías ser para
mí todo lo que ella no fué. ¡Y no puedo resistir esta casa
donde todos la bendicen, mientras yo tengo que malde-
cirla dos veces: por el amor que entonces no me dió, y
por el que ahora me está quitando desde lejos! Adiós,
Adela . . .

(*Sale dominándose.* ADELA, *sola, rompe a llorar. La*
PEREGRINA *aparece en el umbral y, con los ojos ilumi-*
nados, la contempla en silencio. Vuelve a oírse lejos el
grito alegre de la gaita. Entran los niños y corren hacia
ADELA.)

FALÍN

¡Ya van a encender la primera hoguera!

DORINA

¡Están adornando de espadañas la barca para cruzar
el río!

ANDRÉS

¡Y las mozas bajan cantando, coronadas de trébole! [115]

DORINA

Va a empezar el baile. ¿Nos llevas?

---

[115] trébole clover (*This is the old form of the word* trébol *used*
today by authors to lend an archaic flavor to their writings)

(ADELA, *escondiendo el llanto, sube rápida la escalera.*
Los niños la miran sorprendidos y se vuelven a la PERE-
GRINA.)

PEREGRINA Y NIÑOS

DORINA

¿Por qué llora Adela?

PEREGRINA

Porque tiene veinte años . . . ¡y hace una noche tan
hermosa! . . .[116]

ANDRÉS

En cambio tú pareces muy contenta. ¡Cómo te brillan
los ojos!

PEREGRINA

Es que por fin he comprendido. ¡Había aquí algo que
no acababa de explicarme,[117] y ahora, de pronto, lo veo
todo tan claro!

FALÍN

¿Qué es lo que ves tan claro?

PEREGRINA

Una historia verdadera que parece cuento. Algún día,
cuando seáis viejos como yo, se la contaréis a vuestros
nietos. ¿Queréis oírla?

NIÑOS

Cuenta, cuenta . . . (*Se sientan en el suelo frente a*
ella. El pequeño, en sus rodillas.)

[116] ¡y hace una noche tan hermosa! and [because] the night is so
beautiful!
[117] que no acababa de explicarme that I couldn't quite understand

PEREGRINA

Una vez era [118] un pueblo pequeño, con vacas de color de miel y pomaradas de flor blanca entre los campos de maíz. Una aldea, tranquila como un rebaño a la orilla del río.

FALÍN

¿Como ésta?

PEREGRINA

Como ésta. En el río había un remolino profundo de hojas secas, adonde no dejaban acercarse a los niños. Era el monstruo de la aldea. Y decían que en el fondo había otro pueblo sumergido, con su iglesia verde tupida de raíces y sus campanas milagrosas, que se oían a veces la noche de San Juan . . .

ANDRÉS

¿Como el remanso? . . .

PEREGRINA

Como el remanso. En aquella aldea vivía una muchacha de alma tan hermosa que no parecía de este mundo. Todas imitaban su peinado y sus vestidos; los viejos se descubrían a su paso,[119] y las mujeres le traían a los hijos enfermos para que los tocara con sus manos.

DORINA

¿Como Angélica?

PEREGRINA

Como Angélica. Un día la gloria de la aldea desapareció en el río. Se había ido a vivir a las casas pro-

---

[118] Una vez era . . . Once upon a time there was . . .
[119] los viejos . . . a su paso old men used to tip their hats when she passed

fundas donde los peces golpeaban las ventanas como pájaros fríos; [120] y fué inútil que el pueblo entero la llamara a gritos desde arriba. Estaba como dormida, en un sueño de niebla, paseando por los jardines de musgo sus cabellos flotantes y la ternura lenta de sus manos sin peso.[121] Así pasaron los días y los años . . . Ya todos empezaban a olvidarla. Sólo una mujer, con los ojos fijos, la esperaba todavía . . . Y por fin el milagro se hizo.[122] Una noche de hogueras y canciones, la bella durmiente [123] del río fué encontrada, más hermosa que nunca. Respetada por el agua y los peces, tenía los cabellos limpios, las manos tibias todavía, y en los labios una sonrisa de paz . . . como si los años del fondo hubieran sido sólo un instante. (*Los niños callan un momento, impresionados.*)

DORINA

¡Qué historia tan extraña! . . . . ¿Cuándo ocurrió eso?

PEREGRINA

No ha ocurrido todavía. Pero ya está cerca . . . ¿No os acordáis? . . . ¡Esta noche todos los ríos del mundo llevan una gota del Jordán!

[120] Se había ido . . . pájaros fríos She had gone to live in those deep dwellings where the fish tapped on the windows like cold birds
[121] Estaba como dormida . . . sin peso She was like one asleep, wrapped in a dream of mist, wafting through gardens of moss her undulant hair and the slow tenderness of her weightless hands
[122] se hizo was brought to pass
[123] la bella durmiente the sleeping beauty

T E L Ó N

ACTO CUARTO

En el mismo lugar, dos horas después. El mantel puesto en la mesa indica que la familia ha cenado ya. Desde antes de alzarse el telón se oye al fondo la música saltera de gaita y tamboril, que termina con la estridencia viril del grito.[1]

Se acerca el rumor del mocerío entre voces y risas. La escena, sola.

VOCES

(*Confusamente desde fuera.*) ¡A la casa de Narcés! Es la única que falta. Bien pueden, que todo les sobra.[2] ¡Leña para el santo y mozas para el baile!

(*Por la puerta del fondo, que sigue abierta de par en par, irrumpen varias mozas sanjuaneras y otros tantos bigardos.*)

MOZO 1º

¡Ah de la casa![3] . . . ¿Se ha dormido la gente?

---

[1] **con la estridencia viril del grito** with the viril clamor of shouting (*The author probably has in mind the* ¡ijujú! *shout—reminiscent of an old war cry—given in Asturias by young men at the end of a song, termination of a dance, or as a prelude to an impending hand-to-hand fight with some rival*)

[2] **Es la única que falta . . . sobra** It's the only one left [to go to]. They can afford it, for they have abundance of everything

[3] **¡Ah de la casa!** Hey there! Anybody home?

MOZAS

¡Adela! . . . ¡Adela! . . . (*Llega* QUICO *del co-rral.*)

QUICO

Menos gritos, que estamos bajo techo.[4] ¿Qué andáis buscando?

MOZO 2°

¿Dónde está Adela?

SANJUANERA 1ª

No la vais a tener encerrada esta noche como las onzas del moro.[5]

MOZO 1°

Suéltala, hombre, que no te la vamos a robar.[6]

QUICO

¿Soy yo el que manda en la casa? Si Adela quiere bajar al baile no ha de faltarle quien la acompañe.[7]

SANJUANERA 2ª

¿Martín? . . .

SANJUANERA 3ª

No lo creo. Por ahí anda, huído,[8] mirando el fuego desde lejos como los lobos en invierno.

[4] **Menos gritos . . . techo** Don't shout. You are inside the house now
[5] **como las onzas del moro** (*freely*) like a jewel (*This is a popular expression to indicate that something, because of its value, should be well kept*)
[6] **no te la vamos a robar** we are not going to steal her from you
[7] **no ha de faltarle . . . acompañe** she'll not lack an escort
[8] **Por ahí anda, huído** He has gone off, hiding somewhere

MOZO 1°

¿Por qué no la bajas tú?

SANJUANERA 1ª

Vergüenza os había de dar. Una moza como un sol de mayo,[9] dos hombres jóvenes en la casa y la única ventana soltera que no tiene ramo.

QUICO

Yo no le he pedido consejo a nadie. Con que si son palabras lo que venís buscando, ya os podéis volver.

MOZO 2°

Leña es lo que queremos. Hace falta en la hoguera.

SANJUANERA 1ª

La de este año tiene que dejar recuerdo. Más alta que los árboles ha de llegar,[10] hasta que caliente el río y piensen en la sierra que está amaneciendo.

QUICO

Como no le prendáis fuego al monte.

MOZO 1°

Poco menos. La Mayorazga nos dió dos carros de sarmiento seco.

SANJUANERA 2ª

El alcalde, toda la poda del castañar.

---

[9] Vergüenza os había de dar ... de mayo You should be ashamed of yourselves. A girl like May sunshine
[10] Más alta ... ha de llegar It is to be higher than the treetops

MOZO 2°

Y los de la mina arrancaron de cuajo el carbayón con raíces y todo.[11]

SANJUANERA 1ª

Ahora lo bajaban en hombros por la cuesta, entre gritos y dinamita, como los cazadores cuando traen el oso.

SANJUANERA 3ª

La casa de Narcés nunca se quedó atrás. ¿Qué tenéis para la fiesta?

QUICO

Eso el ama dirá.

VOCES

(*Llamando a gritos.*) ¡Telva! . . . ¡Telvona! . . .

(*Aparece* TELVA *en la escalera, alhajada y vestida de fiesta, terminando de ponerse el manto.*)

DICHOS Y TELVA

TELVA

¿Qué gritos son ésos?

SANJUANERA 1ª

¿Hay algo para el santo?

---

[11] *Y los de la mina . . . y todo* And the miners pulled up the big oak, roots and all

TELVA

Más bajo, rapaza, que tengo muy orgullosas las orejas
y si me hablan fuerte no oigo.[12]

QUICO

Son las sanjuaneras, que andan buscando leña de
casa en casa.

TELVA

Bien está. Lo que es de ley no hay que pedirlo a
gritos.[13]

MOZO 1°

¿Qué podemos llevar?

TELVA

En el corral hay un carro de árgomas, y un buen par
de bueyes esperando el yugo. Acompáñalos, Quico.
(*Salen los mozos con* QUICO *hacia el corral.*)

SANJUANERA 2ª

El árgoma es la que hace mejor fuego: da roja la
llama y repica como unas castañuelas al arder.[14]

SANJUANERA 3ª

Yo prefiero el brezo, con sus campanillas moradas;
arde más tranquilo y huele a siesta de verano.

---

[12] Más bajo ... no oigo Not so loud, girl, because I have very
sensitive ears and if you shout I won't be able to hear
[13] Bien está ... a gritos Well, all right. They don't have to shout
for what is rightfully theirs
[14] y repica ... al arder and when burning sounds like the click
of castanets

SANJUANERA 1ª

En cambio la ginesta suelta chispas y se retuerce en la hoguera como una bruja verde.

TELVA

Muy parleras estáis . . . Y galanas, así Dios me salve.[15]

SANJUANERA 2ª

Pues tampoco usted se quedó corta. ¡Vaya si está guapetona la comadre! [16]

TELVA

Donde hubo fuego, brasa queda. A ver, a ver que os vea.[17] ¡Viva el lujo y quién lo trujo! [18] ¿Quedó algo en el arca o lleváis todo el traperío encima?

SANJUANERA 1ª

Un día es un día.[19] No todo va a ser camisa de bombasí y refajo amarillo.

TELVA

Ya veo, ya. Zapatos de tafilete, saya y sobresaya,[20] juboncillo bordado y el mantellín de abalorios. ¡Todo el año hilando para lucir una noche!

SANJUANERA 3ª

Lástima que sea la más corta del año.

---

[15] así Dios me salve so help me!
[16] ¡Vaya si . . . la comadre! My, but the old woman looks nice!
[17] Donde hubo fuego . . . que os vea An old flame never dies. Come and let me look at you
[18] trujo: The stem truj- of the preterite of traer was common in old Spanish and still exists in popular speech
[19] Un día es un día It's a gala day
[20] saya y sobresaya petticoat and skirt

SANJUANERA 1ª

Bien lo dice el cantar:

"Ya vino San Juan Verde,
ya vino y ya se vuelve . . ."

SANJUANERA 2ª

Pero mientras viene y se va, cada hora puede traer un milagro.

TELVA

Ojo, que algunos los hace el diablo [21] y hay que llorarlos después.

SANJUANERA 3ª

¡Quién piensa en llorar un día como éste! ¿Usted no fué nunca moza?

TELVA

Porque lo fuí lo digo. El fuego encandila el sentido, la gaita rebrinca por dentro como un vino fuerte . . . y luego es peligroso perderse por los maizales calientes de luna.[22]

SANJUANERA 1ª

Alegría es lo que pide el santo. Al que no canta esta noche no lo miran sus ojos.

SANJUANERA 2ª

Yo ya he puesto la sal al sereno para las vacas. Dán-

[21] **Ojo . . . el diablo** Watch out, for some [miracles] are instigated by the devil
[22] **El fuego encandila . . . de luna** The fire enkindles the senses, the gaita music enlivens the soul like strong wine . . . after which it's dangerous to wander off through the cornfields bathed in warm moonlight

dosela con el orvallo del amanecer siempre paren hembras.

SANJUANERA 3ª

Yo he tendido la camisa al rocío para que me traiga amores y me libre de mal.

SANJUANERA 1ª

Y yo tiraré todos mis alfileres al agua al rayar el alba; por cada uno que flota hay un año feliz.

TELVA

Demasiados milagros para una sola noche. Este año, por marzo, hubo cuatro bautizos en la aldea.

SANJUANERA 1ª

¿Y eso qué tiene que ver? [23]

TELVA

San Juan cae en junio. ¿Sabes contar, moza?

SANJUANERA 2ª

Miren la vieja maliciosa con lo que sale. [24]

SANJUANERA 1ª

No tendrá muy tranquila la conciencia cuando piensa así de las otras. Cada una se lleva la lengua adonde le duele la muela. [25]

TELVA

De las muelas nada te digo porque no me quedan.

---

[23] ¿Y eso qué tiene que ver? And what has that got to do with it?
[24] Miren la vieja . . . sale Look what the naughty old woman comes out with
[25] Cada una . . . la muela Everyone talks about his own sore spot; (*literally*) every individual puts his tongue where his tooth aches

Pero la conciencia, mira si [26] la tendré limpia que sólo me confieso una vez al año, y con tres "Avemarías" santas pascuas.[27] En cambio tú no lo pagas con cuarenta credos.[28] (*A la otra.*) Y tú, mosquita muerta, ¿qué demonio confesaste [29] para tener que subir descalza a la Virgen del Acebo? [30]

SANJUANERA 4ª

No fué penitencia; fué una promesa. Estuve enferma de un mal aire.

TELVA

Válgame Dios [31] ¿mal aire se llama ahora?

SANJUANERA 1ª

No le hagáis caso. ¿No veis que lo que quiere es que le regalen el oído? Bien dice el dicho, que los viejos y el horno por la boca se calientan.[32] (*Risas. Vuelven los mozos, menos* QUICO.)

MOZO 1°

Ya está saliendo el carro. ¿Queréis subir?

SANJUANERA 2ª

¿Juntos . . . ?

[26] **mira si** imagine how
[27] **santas pascuas** everything is squared up
[28] **no lo pagas . . . credos** you can't pay off with forty credos
[29] **Y tú, mosquita muerta . . . confesaste** And you, my little prim one, what in the world did you have to confess
[30] **Virgen del Acebo:** a pilgrimage resort in northwestern Asturias
[31] **Válgame Dios** Good Lord!
[32] **Bien dice el dicho . . . calientan** The old saying is right about old people and the oven getting warm through the mouth

TELVA

Anda, que no te vas a asustar.[33] Y el santo tampoco; el pobre ya está acostumbrado, y él no tiene la culpa si su fiesta viene con el primer trallazo del verano.[34] (*Espantándolas como gallinas.*) ¡Aire! ¡a calentarse al fogueral, y a coger el trébole!

MOZO 2°

¡Todos! . . . ¡Usted también, comadre! . . . (*La rodean a la fuerza, cantando, trenzados de las manos,[35] y empujándola el son del corre-calle.*)

TODOS

"A coger el trébole
el trébole, el trébole,
a coger el trébole
la noche de San Juan!"

(*Van saliendo por el fondo.*)

"A coger el trébole,
el trébole, el trébole,
a coger el trébole
los mis amores van . . . !"[36]

(MARTÍN *llega del campo. Desde la puerta contempla al mocerío que se aleja entre gritos y risas con* TELVA. *Por la escalera aparece* ADELA *llamando.*)

[33] Anda, que . . . asustar Go on, nothing is going to frighten you
[34] con el primer . . . del verano with the first beat of summer
[35] trenzados de las manos holding hands
[36] los mis amores van . . . ! goes my beloved! (*This is one of the most popular and traditional songs in Asturias*)

ADELA Y MARTÍN

ADELA

¡Telva! . . . ¡Telva! . . .

MARTÍN

Las sanjuaneras se la llevan. La están subiendo al carro a la fuerza. (*Entra.*) ¿Querías algo de ella?

ADELA

(*Bajando.*) Sólo una pregunta. Pero quizá puedas contestarla tú mejor. Al abrir la ventana de mi cuarto la encontré toda cuajada de flor blanca.

MARTÍN

De espino y cerezo. Los que vean el ramo sabrán quién lo ha puesto ahí, y lo que ese color quiere decir.[37]

ADELA

Gracias, Martín . . . Me gusta que te hayas acordado, pero no era necesario.

MARTÍN

¿Iba a consentir que tu ventana fuera la única desnuda?

ADELA

Con las palabras que me dijiste antes ya me diste más de lo que podía esperar. La flor de cerezo se irá mañana con el viento; las palabras, no.

MARTÍN

Yo seguiré pensándolas a todas horas, y con tanta fuerza que si cierras los ojos podrás oírlas desde lejos.

[37] See *Appendix* III. 7

ADELA

¿Cuándo te vas?

MARTÍN

Mañana, al amanecer.

ADELA

(*Hondamente.*) Olvidemos que esta noche es la última. Quizá mañana ya no necesites irte.

MARTÍN

¿Por qué? ¿Puede alguien borrar esa sombra que está entre los dos? ¿O quieres verme morir de sed junto a la fuente?

ADELA

Sólo te he pedido que lo olvides esta noche.

MARTÍN

Lo olvidaremos juntos, bailando ante el pueblo entero Aunque sea por una sola vez quiero que te vean todos limpiamente entre mis brazos.[88] ¡Qué vean mis ojos atados a los tuyos como está mi ramo atado a tu ventana!

ADELA

Lo sé yo, y eso me basta [39] . . . Calla . . . alguien baja.

MARTÍN

(*En voz baja, tomándole las manos.*) ¿Te espero en el baile?

---

[88] quiero que . . . mis brazos I want them all to have a clear and clean sight of you in my arms
[39] y eso me basta and that's enough for me

ADELA

Iré.

MARTÍN

Hasta luego, Adela.

ADELA

Hasta siempre,[40] Martín.

(*Sale* MARTÍN *por el fondo. En la escalera aparece la* MADRE *vestida de fiesta,[41] con la severa elegancia del señorío labrador. Trae la cabeza descubierta, un cirio votivo y un pañolón al brazo.)* [42]

MADRE Y ADELA

MADRE

¿Dónde está mi mantilla? No la encuentro en la cómoda.

ADELA

Aquí la tengo. (*La busca en el costurero.*) ¿Va a ponérsela para bajar al baile?

MADRE

Antes tengo que pasar por la capilla. Le debo esta vela al santo. Y tengo que dar gracias a Dios por tantas cosas . . . (*Se sienta.* ADELA *le prende la mantilla mientras hablan.*)

[40] Hasta siempre For always
[41] vestida de fiesta dressed for the fiesta
[42] Trae la cabeza . . . al brazo She has her head bare and a shawl across her arm, and in her hands she carries a votive taper

ADELA

¿Le había pedido algo?

MADRE

Muchas cosas que quizá no puedan ser nunca.[43] Pero lo mejor de todo me lo dió sin pedírselo el día que te trajo a ti. ¡Y pensar que entonces no supe agradecérselo . . . que estuve a punto de cerrarte esa puerta!

ADELA

No recuerde eso, madre.

MADRE

Ahora que ya pasó quiero decírtelo para que me perdones aquellos días en que te miraba con rencor, como a una intrusa. Tú lo comprendes ¿verdad? La primera vez que te sentaste a la mesa frente a mí, tú no sabías que aquél era el sitio de ella . . . donde nadie había vuelto a sentarse. Yo no vivía más que para recordar, y cada palabra tuya era un silencio de ella que me quitabas.[44] Cada beso que te daban los niños me parecía un beso que le estabas robando a ella . . .

ADELA

No me di cuenta hasta después. Por eso quise irme.

MADRE

Entonces ya no podía dejarte yo. Ya había comprendido la gran lección: que el mismo río que me quitó una hija me devolvía otra, para que mi amor no fuera una locura vacía. (*Pausa. La mira amorosamente aca-*

[43] que quizá . . . ser nunca that perhaps can never come to pass
[44] y cada palabra tuya . . . quitabas and with your every word you deprived me of enjoying my thoughts of her

riciándole las manos. Se levanta.) ¿Conoces este pañuelo? Es el que llevaba Angélica en los hombros la última noche. Se lo había regalado Martín. (*Lo pone en los hombros de* ADELA.) Ya tiene sitio también.

ADELA

(*Turbada. Sin voz.*) Gracias . . .

MADRE

Ahora respóndeme lealmente, de mujer a mujer. ¿Qué es Martín para ti? [45]

ADELA

(*La mira con miedo.*) ¿Por qué me pregunta eso?

MADRE

Responde. ¿Qué es Martín para ti?

ADELA

Nada ¡se lo juro!

MADRE

Entonces ¿por qué tiemblas? . . . . ¿por qué no me miras de frente como antes?

ADELA

¡Se lo juro, madre! Ni Martín ni yo seríamos capaces de traicionar ese recuerdo.

MADRE

¿Lo traiciono yo cuando te llamo hija? (*Le pone las manos sobre los hombros, tranquilizándola.*) Escucha, Adela. Muchas veces pensé que podía llegar este mo-

[45] ¿Qué es Martín para ti? What does Martin mean to you?

mento. Y no quiero que sufras inútilmente por mí.[46] ¿Tú
sabes que Martín te quiere? . . .

ADELA

¡No! . . .

MADRE

Yo sí, lo sé desde hace tiempo [47] . . . El primer día
que se lo vi en los ojos sentí como un escalofrío que me
sacudía toda, y se me crisparon los dedos.[48] ¡Era como
si Angélica se levantara celosa dentro de mi sangre!
Tardé en acostumbrarme a la idea . . . Pero ya pasó.

ADELA

(*Angustiada.*) Para mí no . . . Para mí está empezando ahora . . .

MADRE

Si tú no sientes lo mismo, olvida lo que te he dicho.
Pero si le quieres no trates de ahogar ese amor pensando
que ha de dolerme. Ya estoy resignada.

ADELA

(*Conteniendo el llanto.*) Por lo que más quiera . . .
calle.[49] No puede imaginar siquiera todo el daño que me
está haciendo al decirme esas palabras hoy . . . precisamente hoy.

MADRE

(*Recogiendo su cirio para salir.*) No trato de señalarte

---

[46] por mí on account of me
[47] Yo sí . . . hace tiempo I do, I have known it for some time
[48] se me crisparon los dedos my nerves became tense to the finger-
tips
[49] Por lo que más quiera . . . calle By whatever you love best,
please be still

un camino. Sólo quería decirte que, si eliges ése, yo no seré un estorbo. Es la ley de la vida.

(*Sale.* Adela *se deja caer agobiada en la silla, pensando obsesivamente, con los ojos fijos.*[50] *En el umbral de la derecha aparece la* Peregrina *y la contempla como si la oyera pensar.*)

Peregrina y Adela

ADELA

Elegir un camino . . . ¡Por qué me sacaron del que había elegido ya si no podían darme otro mejor! (*Con angustia, arrancándose el pañuelo del cuello.*) ¡Y este pañuelo que se me abraza al cuello como un recuerdo de agua! [51]

(*Repentinamente parece tomar una decisión. Se pone nuevamente el pañuelo y hace ademán de levantarse. La* Peregrina *la detiene serenamente poniéndole una mano imperativa sobre el hombro.*)

PEREGRINA

No, Adela. ¡Eso no! ¿Crees que sería una solución?

ADELA

¡Si supiera yo misma lo que quiero! Ayer todo me

---

[50] Se deja caer . . . ojos fijos Overcome, she drops into a chair, deep in thought, her eyes in a fixed gaze
[51] ¡Y este pañuelo . . . agua! And then this scarf that chokes like the haunting memory of water!

parecía fácil. Hoy no hay más que un muro de sombras que me aprietan.

PEREGRINA

Ayer no sabías aún que estabas enamorada . . .

ADELA

¿Es esto el amor?

PEREGRINA

No, eso es el miedo de perderlo. El amor es lo que sentías hasta ahora sin saberlo. Ese travieso misterio que os llena la sangre de alfileres y la garganta de pájaros.[52]

ADELA

¿Por qué lo pintan feliz si duele tanto? ¿Usted lo ha sentido alguna vez?

PEREGRINA

Nunca. Pero casi siempre estamos juntos. ¡Y cómo os envidio a las que podéis sentir ese dolor que se ciñe a la carne como un cinturón de clavos,[53] pero que ninguna quisiera arrancarse!

ADELA

El mío es peor. Es como una quemadura en las raíces . . . como un grito enterrado que no encuentra salida.

PEREGRINA

Quizá. Yo del amor no conozco más que las palabras que tiene alrededor; y ni siquiera todas. Sé que, por las tardes, bajo los castaños, tiene dulces las manos y una

[52] que os llena . . . pájaros that fills your blood with pin-pricks and your throat with singing
[53] se ciñe . . . de clavos binds the flesh like a girdle of nails

voz tranquila.[54] Pero a mí sólo me toca oír las palabras desesperadas y últimas. Las que piensan con los ojos fijos las muchachas de las ciudades cuando se asoman a los puentes de niebla . . . las que se dicen dos bocas crispadas sobre la misma almohada cuando la habitación empieza a llenarse con el olor del gas [55] . . . Las que estabas pensando tú en voz alta hace un momento.

ADELA

(*Se levanta resuelta.*) ¿Por qué no me dejó ir? ¡Todavía es tiempo! . . .

PEREGRINA

(*La detiene.*) ¡Quieta!

ADELA

¡Es el único camino que me queda!

PEREGRINA

No. El tuyo no es ése. (*Se ve, lejano, el resplandor de la hoguera y se oyen confusamente los gritos de la fiesta.*) Mira: la noche está loca de hogueras y canciones.[56] Y Martín te está esperando en el baile.

ADELA

¿Y mañana . . . ?

PEREGRINA

La luz del alba borrará todas. tus sombras. Ten fe,

[54] tiene dulces . . . tranquila [love] has soft hands and a tender voice
[55] The entire passage attempts to portray the gloomy thoughts that occur to lovers when they are about to commit suicide
[56] la noche . . . y canciones the night is brimming with bonfires and songs

niña. Yo te prometo que mañana serás feliz . . . y que esta noche será la más hermosa que hayamos visto las dos. (*Bajan los niños seguidos por el* ABUELO.)

PEREGRINA, ADELA, NIÑOS, ABUELO

ANDRÉS

¡Ya han encendido la hoguera grande, y todo el pueblo está bailando alrededor! [57]

DORINA

Vamos, Abuelo, que llegamos tarde.[58]

FALÍN

(*Llegando junto a la* PEREGRINA, *con una corona de rosas y espigas.*) Toma. La hice yo.

PEREGRINA

¿Para mí?

FALÍN

Esta noche todas las mujeres se adornan así.

DORINA

¿No vienes al baile?

PEREGRINA

Tengo que seguir camino al rayar el alba. Adela os acompañará. Y no se separará de vosotros ni un momento. (*Mirándola imperativa.*) ¿Verdad . . . ?

ADELA

(*Baja la cabeza.*) Sí. Adiós, señora . . . Y gracias.

[57] See *Appendix* I
[58] Vamos . . . que llegamos tarde Let's go, grandpa, or we'll be late

ANDRÉS

¿Volveremos a verte pronto?

PEREGRINA

No tengáis prisa. Antes tienen que madurar muchas espigas.

DORINA

Cuando estés lejos ¿te acordarás de nosotros?

PEREGRINA

Siempre. Os debo una risa y una hora de sueño. Dos cosas que no había sentido nunca. Adiós, pequeños . . .

NIÑOS

¡Adiós, Peregrina! (*Salen con* ADELA. *El* ABUELO *se queda un momento.*)

ABUELO

¿Por qué te daba las gracias Adela? . . . ¿Sabe quién eres?

PEREGRINA

Tardará muchos años en saberlo.[59]

ABUELO

¿No era a ella a quien buscabas esta noche? ¿O has decidido perdonarla?

PEREGRINA

No. Me había equivocado, simplemente.

ABUELO

Entonces ¿por qué te quedas en mi casa? ¿Qué esperas aquí?

[59] Tardará . . . en saberlo It'll take her many years to find out

PEREGRINA

Ya te dije que no puedo regresar sola. Pero no temas; no tendrás que llorar ni una sola lágrima que no hayas llorado ya.[60]

ABUELO

(*La mira con sospecha.*) No te creo. Son los niños lo que andas rondando ¡confiésalo! Ahora mismo te he visto mirarlos con hambre, como las mujeres estériles a la salida de la escuela.[61]

PEREGRINA

No tengas miedo, abuelo. Tus nietos tendrán nietos. Vete con ellos. (*Coge su bordón y lo deja apoyado en la jamba de la puerta.*)

ABUELO

¿Qué haces . . . ?

PEREGRINA

Dejar el bordón en la puerta en señal de despedida. Cuando vuelvas del baile no me encontrarás ya. (*Con autoridad terminante.*) Y ahora déjame. Es mi última palabra de esta noche.

(*Sale el* ABUELO. *Pausa larga. La* PEREGRINA, *a solas, mira con resbalada melancolía* [62] *la corona de rosas. Al fin sus ojos se animan; se la pone en los cabellos, toma un espejo del costurero de* ADELA *y se contempla con feme-*

---

[60] no tendrás . . . llorado ya no more tears will you have to weep than those you have already shed

[61] como las mujeres . . . escuela like childless women who watch school let out

[62] con resbalada melancolía with elusive sadness

*nina curiosidad. Su sonrisa se desvanece; deja caer el
espejo, se quita las rosas y comienza a deshojarlas fría-
mente, con los ojos ausentes. Entretanto se escuchan en
el fogueral las canciones populares de San Juan.)*

VOZ VIRIL

Señor San Juan:
la flor de la espiga
ya quiere ganar.
¡Que viva la danza
y los que en ella están!

CORO

¡Señor San Juan . . . !

VOZ FEMENINA

Señor San Juan:
con la flor del agua
te vengo a cantar.[63]
¡Que viva la danza
y los que en ella están!

CORO

¡Señor San Juan! . . .

(Hay un nuevo silencio. La PEREGRINA *está sentada
de espaldas al fondo, con los codos en las rodillas y el
rostro entre las manos. Por la puerta del fondo aparece
furtivamente una muchacha de fatigada belleza,[64] oculto
a medias el rostro con el mantellín. Contempla la casa.*

[63] **con la flor . . . cantar** with the water flower I come to sing to
thee (cf. *Appendix* II)
[64] **muchacha de fatigada belleza** girl of faded beauty

Ve a la PEREGRINA *de espaldas y da un paso medroso hacia ella. La* PEREGRINA *la llama en voz alta sin volverse.*)

PEREGRINA

¡Angélica!

PEREGRINA Y ANGÉLICA

ANGÉLICA

(*Retrocede desconcertada.*) ¿Quién le ha dicho mi nombre? (*La* PEREGRINA *se levanta y se vuelve.*) Yo no la he visto nunca.

PEREGRINA

Yo a ti tampoco. Pero sabía que vendrías, y no quise que encontraras sola tu casa. ¿Te vió alguien llegar?

ANGÉLICA

Nadie. Por eso esperé a la noche, para esconderme de todos. ¿Dónde están mi madre y mis hermanos?

PEREGRINA

Es mejor que tampoco ellos te vean. ¿Tendrías valor para mirarlos cara a cara? ¿Qué palabras podrías decirles?

ANGÉLICA

No hacen falta palabras . . . lloraré de rodillas, y ellos comprenderán.

PEREGRINA

¿Martín también?

ANGÉLICA

(*Con miedo instintivo.*) ¿Está él aquí?

PEREGRINA

En la fiesta; bailando con todos alrededor del fuego.

ANGÉLICA

Con todos, no . . . ¡mentira! Martín habrá podido olvidarme pero mi madre no. Estoy segura que ella me esperaría todos los días de su vida sin contar las horas . . . (*Llama.*) ¡Madre! . . . ¡Madre! . . .

PEREGRINA

Es inútil que llames. Te he dicho que está en la fiesta.

ANGÉLICA

Necesito verla cuanto antes. Sé que ha de ser el momento más terrible de mi vida y no tengo fuerzas para esperarlo más tiempo.

PEREGRINA

¿Qué vienes a buscar a esta casa? . . .

ANGÉLICA

Lo que fué mío.

PEREGRINA

Nadie te lo quitó. Lo abandonaste tú misma.

ANGÉLICA

No pretendo encontrar un amor que es imposible ya; pero el perdón sí. O por lo menos un rincón donde morir en paz. He pagado mi culpa con cuatro años amargos que valen toda una vida.[65]

[65] que valen toda una vida equivalent to a whole life-time

PEREGRINA

La tuya ha cambiado mucho en ese tiempo. ¿No has pensado cuánto pueden haber cambiado las otras?

ANGÉLICA

Por encima de todo,[66] es mi casa y mi gente. ¡No pueden cerrarme la única puerta que me queda!

PEREGRINA

¿Tan desesperada vuelves?

ANGÉLICA

No podía más.[67] He sufrido todo lo peor que puede sufrir una mujer. He conocido el abandono y la soledad; la espera humillante en las mesas de mármol, y la fatiga triste de las madrugadas sin techo.[68] Me he visto rodar de mano en mano como una moneda sucia. Sólo el orgullo me mantenía de pie.[69] Pero ya lo he perdido también. Estoy vencida y no me da vergüenza gritarlo. ¡Ya no siento más que el ansia animal de descansar en un rincón caliente! . . .

PEREGRINA

Mucho te ha doblegado la vida. Cuando se ha tenido el valor de renunciar a todo por una pasión no se puede volver luego, cobarde como un perro con frío, a mendigar las migajas de tu propia mesa. ¿Crees que Martín puede abrirte los brazos otra vez?

[66] **Por encima de todo** Above any other consideration
[67] **No podía más** I couldn't stand it any longer
[68] **la espera . . . sin techo** [I have known] the humiliating wait on marble tables, and the sad weariness at dawn without a roof overhead (*Angélica describes her sufferings and disappointments during those years away from home*)
[69] **Sólo el orgullo me mantenía de pie** Only pride sustained me

ANGÉLICA

(*Desesperada.*) Después de lo que he sufrido ¿qué puede hacerme ya Martín? ¿Cruzarme la cara a latigazos? . . . ¡Mejor! . . . por lo menos sería un dolor limpio. ¿Tirarme el pan al suelo? ¡Yo lo comeré de rodillas, bendiciéndolo por ser suyo y de esta tierra en que nací![70] ¡No! ¡No habrá fuerza humana que me arranque de aquí! Estos manteles los he bordado yo . . . Esos geranios de la ventana los he plantado yo . . . ¡Estoy en mi casa! . . . mía . . . mía . . . ¡mía! . . . (*Solloza convulsa sobre la mesa, besando desesperadamente los manteles. Pausa. Vuelve a oírse la canción sanjuanera.*)

VOZ VIRIL

Señor San Juan:
ya las estrellas
perdiéndose van.
¡Que viva la danza
y los que en ella están![71]

CORO

Señor San Juan . . .

(*La* PEREGRINA *se le acerca piadosamente pasando la mano sobre sus cabellos. Voz íntima.*)

---

[70] por ser suyo . . . nací because it's his and [because] it comes from this land where I was born

[71]
                    Lord St. John: the stars are
                    straying and will be lost anon.
                    Long live the dance,
                    and those who are dancing on!

PEREGRINA

Díme, Angélica, ¿en esos días negros de allá, no has pensado nunca que pudiera haber otro camino? [72]

ANGÉLICA

(*Acodada a la mesa, sin volverse.*) Todos estaban cerrados para mí. Las ciudades son demasiado grandes, y allí nadie conoce a nadie.

PEREGRINA

Un dulce camino de silencio que pudieras hacerte tú sola . . . [73]

ANGÉLICA

No tenía fuerza para nada. (*Reconcentrada.*) Y sin embargo, la noche que él me abandonó . . .

PEREGRINA

(*Con voz de profunda sugestión como si siguiera en voz alta el pensamiento de* ANGÉLICA.) Aquella noche pensaste que más allá, al otro lado del miedo, hay una playa donde todo dolor se vuelve espuma. Un país de aires desnudos,[74] con jardines blancos de adelfas y un frío tranquilo como un musgo de nieve . . . Donde hay una sonrisa de paz para todos los labios, una serenidad infinita para todos los ojos . . . y donde todas las palabras se reducen a una sola: ¡perdón! [75]

---

[72] ¿en esos días. . . otro camino? during those gloomy days you have lived away, haven't you thought that perhaps there might be some other way out?
[73] Un dulce . . . tú sola A sweet trail of silence that you might blaze alone
[74] Un país de aires desnudos A land of clean breezes
[75] Peregrina is using her power of suggestion to persuade Angélica that death would be preferable

ANGÉLICA

(*Se vuelve mirándola con miedo.*) ¿Quién eres tú que me estás leyendo por dentro?

PEREGRINA

Una buena amiga. La única que te queda ya.

ANGÉLICA

(*Retrocede instintivamente.*) Yo no te he pedido amistad ni consejo. Déjame. ¡No me mires así!

PEREGRINA

¿Prefieres que tu madre y tus hermanos sepan la verdad?

ANGÉLICA

¿No la saben ya?

PEREGRINA

No. Ellos te imaginan más pura que nunca. Pero dormida en el fondo del río.

ANGÉLICA

No es posible. Martín me siguió hasta la orilla. Escondidos en el castañar le vimos pasar a galope, con la escopeta al hombro y la muerte en los ojos.

PEREGRINA

Pero supo dominarse y callar.

ANGÉLICA

¿Por qué?

PEREGRINA

Por ti. Porque te quería aún, y aquel silencio era el último regalo de amor que podía hacerte.

ANGÉLICA

¿Martín ha hecho eso . . . por mí . . . ? (*Aferrán-
dose a la esperanza.*) Pero entonces, me quiere . . .
¡Me quiere todavía! . . .

PEREGRINA

Ahora ya es tarde. Tu sitio está ocupado. ¿No sientes
otra presencia de mujer en la casa? . . .

ANGÉLICA

¡No me robará sin lucha lo que es mío! ¿Dónde está
esa mujer?

PEREGRINA

Es inútil que trates de luchar con ella; estás vencida
de antemano. Tu silla en la mesa, tu puesto junto al
fuego y el amor de los tuyos, todo lo has perdido.[76]

ANGÉLICA

¡Puedo recobrarlo!

PEREGRINA

Demasiado tarde. Tu madre tiene ya otra hija. Tus
hermanos tienen otra hermana.

ANGÉLICA

¡Mientes!

PEREGRINA

(*Señalando el costurero.*) ¿Conoces esa labor?

ANGÉLICA

Es la mía. Yo la dejé empezada.

[76] y el amor . . . has perdido and the love of your own family;
you have lost everything

PEREGRINA

Pero ahora tiene hilos nuevos. Alguien la está terminando por ti. Asómate a esa puerta. ¿Ves algo al resplandor de la hoguera? . . . (ANGÉLICA *va al umbral del fondo. La* PEREGRINA, *no.*)

ANGÉLICA

Veo al pueblo entero, bailando con las manos trenzadas.

PEREGRINA

¿Distingues a Martín?

ANGÉLICA

Ahora pasa frente a la llama.

PEREGRINA

¿Y a la muchacha que baila con él? Si la vieras de cerca hasta podrías reconocer su vestido y el pañuelo que lleva al cuello.

ANGÉLICA

A ella no la conozco. No es de aquí.

PEREGRINA

Pronto lo será.

ANGÉLICA

(*Volviendo junto a la* PEREGRINA.) No . . . es demasiado cruel. No puede ser que me lo hayan robado todo.[77] Algo tiene que quedar para mí. ¿Puede alguien quitarme a mi madre?

[77] No puede ser . . . todo It can't be that they have taken it all away from me

PEREGRINA

Ella ya no te necesita. Tiene tu recuerdo, que vale más que tú.

ANGÉLICA

¿Y mis hermanos . . . ? La primera palabra que aprendió el menor fué mi nombre. Todavía lo veo dormido en mis brazos, con aquella sonrisa pequeña que le rezumaba en los labios como la gota de miel en los higos maduros.

PEREGRINA

Para tus hermanos ya no eres más que una palabra. ¿Crees que te conocerían siquiera? Cuatro años son muchos en la vida de un niño. (*Se le acerca íntima.*) Piénsalo, Angélica. Una vez destrozaste tu casa al irte ¿quieres destrozarla otra vez al volver?

ANGÉLICA

(*Vencida.*) ¿Adónde puedo ir si no? . . .

PEREGRINA

A salvar valientemente lo único que te queda: el recuerdo.

ANGÉLICA

¿Para qué si es una imagen falsa?

PEREGRINA

¿Qué importa, si es hermosa? . . . También la belleza es una verdad.

ANGÉLICA

¿Cómo puedo salvarla?

PEREGRINA

Yo te enseñaré el camino. Ven conmigo, y mañana el pueblo tendrá su leyenda. (*La toma de la mano.*) ¿Vamos . . . ?

ANGÉLICA

Suelta . . . Hay algo en ti que me da miedo.

PEREGRINA

¿Todavía? Mírame bien. ¿Cómo me ves ahora . . . ?

ANGÉLICA

(*La contempla fascinada.*) Como un gran sueño sin párpados . . . Pero cada vez más hermosa . . .

PEREGRINA

¡Todo el secreto está ahí! Primero, vivir apasionadamente, y después morir con belleza. (*Le pone la corona de rosas en los cabellos.*) Así . . . como si fueras a una nueva boda. Ánimo, Angélica . . . Un momento de valor, y tu recuerdo quedará plantado en la aldea como un roble lleno de nidos. ¿Vamos?

ANGÉLICA

(*Cierra los ojos.*) Vamos. (*Vacila al andar.*)

PEREGRINA

¿Tienes miedo aún?

ANGÉLICA

Ya no . . . Son las rodillas que se me doblan sin querer.

PEREGRINA

(*Con una ternura infinita.*) Apóyate en mí. Y prepara

tu mejor sonrisa para el viaje. (*La toma suavemente de la cintura.*) Yo pasaré tu barca a la otra orilla . . .

(*Sale con ella. Pausa. La escena sola. Fuera comienza a apagarse el resplandor de la hoguera y se escucha la última canción.*)

VOZ VIRIL

Señor San Juan:
en la foguera
ya no hay qué quemar.[78]
¡Que viva la danza
y los que en ella están!

CORO

Señor San Juan . . .

(*Vuelve a oírse la gaita, gritos alegres y rumor de gente que llega. Entra corriendo la* SANJUANERA 1ª *perseguida por las otras y los mozos. Detrás,* ADELA *y* MARTÍN.)

SANJUANERA 1ª

No, suelta . . . Yo lo vi primero.

SANJUANERA 2ª

Tíramelo a mí.

SANJUANERA 3ª

A mí que no tengo novio.

[78] ya no hay qué quemar there's no longer anything to burn

SANJUANERA 1ª

Es mío. Yo lo encontré en la orilla.

ADELA

¿Qué es lo que encontraste?

SANJUANERA 1ª

¡El trébole de cuatro hojas!

MOZO 1º

Pero a ti no te sirve.[79] La suerte no es para el que lo encuentra sino para el que lo recibe.

SANJUANERA 2ª

¡Cierra los ojos y tíralo al aire![80]

SANJUANERA 1ª

Tómalo tú, Adela. En tu huerto estaba.

ADELA

(*Recibiéndolo en el delantal.*) Gracias.

MARTÍN

(*A* SANJUANERA 1ª.) Mucho te ronda la suerte este año; [81] en la fuente, la flor del agua, y en el maíz la panoya roja.[82]

(*Llegan la* MADRE *y* TELVA. *Después el* ABUELO *con los niños.*)

---

[79] Pero a ti no te sirve But it won't work for you
[80] tíralo al aire! toss it up into the air!
[81] Mucho . . . este año Lady luck smiles on you this year
[82] See *Appendix* III, 8

MADRE

¿Qué, ya os cansasteis del baile?

TELVA

Aunque se apague la hoguera, el rescoldo queda hasta el amanecer.

SANJUANERA 1ª

Yo si no descanso un poco no puedo más.[83] (*Se sienta.*)

TELVA

Bah, sangre de malvavisco. Parece que se van a comer el mundo, pero cuando repica el pandero ni les da de sí el aliento ni saben sacudir cadera [84] y mandil al "son de arriba." [85] ¡Ay de mis tiempos! [86]

ADELA

¿Va a acostarse, madre? La acompaño.

MADRE

No te preocupes por mí; sé estar sola. Vuelve al baile con ella, Martín. Y tú, Telva, atiende a los mozos si quieren beber. Para las mujeres queda en la alacena aguardiente de guindas. (*Se detiene al pie de la escalera.*) ¿De quién es ese bordón que hay en la puerta?

---

[83] No puedo más I won't be able to take it any longer
[84] sangre de . . . cadera you good-for-nothing girls of today. It would seem you were to conquer the world, but when the music rings out you have neither the wind nor the ability to move your hips
[85] See *Appendix* III, 9
[86] ¡Ay de mis tiempos! Oh in the good old days!

ABUELO

(*Deteniendo a* ADELA *que va a salir con* MARTÍN.)
Espera . . . ¿No vieron a nadie en la casa al entrar?

TELVA

A nadie ¿por qué?

ABUELO

No sé . . . Será verdad que es la noche más corta
del año, pero a mí no se me acaba nunca [87] . . .

TELVA

Poco va a tardar. Ya está empezando a rayar el
alba . . . [88] (*Se oye fuera la voz de* QUICO, *gritando.*)

VOZ

¡Ama! . . .

(*Todos se vuelven sobresaltados. Llega* QUICO. *Habla
con un temblor de emoción desde el umbral. Detrás van
apareciendo hombres y mujeres, con faroles y antorchas,
que se quedan al fondo en respetuoso silencio.*)

QUICO

¡Mi ama . . . ! Al fin se cumplió lo que esperabas.
¡Han encontrado a Angélica en el remanso!

MARTÍN

¿Qué estás diciendo? . . .

---

[87] a mí no se me acaba nunca to me it seems it will never end
[88] Poco va a . . . el alba It won't be long now. Already dawn is
breaking

QUICO

Nadie quería creerlo, pero todos lo han visto.

MADRE

(*Corriendo hacia él, iluminada.*) ¿La has visto tú?
¡Habla!

QUICO

Ahí te la traen, más hermosa que nunca . . . Respetada por cuatro años de agua,[89] coronada de rosas. ¡Y
con una sonrisa buena, como si acabara de morir!

VOCES

¡Milagro! . . . ¡Milagro! . . .

(*Las mujeres caen de rodillas. Los hombres se descubren.*)

MADRE

(*Besando el suelo.*) ¡Dios tenía que escucharme! ¡Por
fin la tierra vuelve a la tierra! . . .(*Levanta los brazos.*)
¡Mi Angélica querida! . . . ¡Mi Angélica santa! . . .

MUJERES

(*Cubriéndose la cabeza con el manto y golpeándose el
pecho.*) ¡Santa! . . . ¡Santa! . . . ¡Santa! . . .

(*Los hombres descubiertos y las mujeres arrodilladas, inmóviles, como figuras de retablo. Desde el umbral del
fondo la* PEREGRINA *contempla el cuadro con una sonrisa*

[89] **Respetada por . . . de agua** Unchanged after four years in the
water

dulcemente fría. El ABUELO *cae a sus pies y le besa las manos. La* PEREGRINA *recoge el bordón y sigue su camino. Se oyen, lejanas y sumergidas, las campanas de San Juan.)* [90]

[90] Se oyen . . . de San Juan Far away and muffled one hears the bells of St. John

TELÓN FINAL

PREGUNTAS Y TEMAS

ACTO PRIMERO

PREGUNTAS

Páginas 1–10

1. ¿Dónde tiene lugar la acción de esta obra?
2. ¿Cómo se llama la vieja criada?
3. ¿Cuál era el mayor de los niños?
4. ¿Qué cosas sabía hacer muy bien Telva?
5. ¿Qué quería traer Andrés a la mesa?
6. ¿Cómo le gustaban las torrijas al Abuelo?
7. ¿Por qué no deja la Madre que vayan a la escuela los niños?
8. ¿Qué necesitan hacer los niños, según el Abuelo?
9. ¿Por qué piensa la Madre en Angélica este día?
10. ¿Qué se pone Quico en la oreja?
11. ¿A dónde quiere ir Martín aquella noche?
12. ¿Cuántas hijas tenía el alcalde?
13. ¿Dónde está situado el molino?
14. ¿Qué consejos da Telva a la Madre?
15. ¿Por qué había creído Telva que su marido no la quería?

Páginas 10–18

1. ¿Cuántos hijos tuvo Telva?
2. ¿Cómo perdió sus hijos Telva?
3. ¿Dónde se sienta Telva a coser en el verano?
4. ¿Dónde cree la Madre que está su hija?

155

5. ¿Cuándo podrá la Madre descansar en paz?
6. ¿Quién es Martín? ¿Cómo aparece vestido?
7. ¿Qué quiere hacer Martín en la braña?
8. ¿Cuántos años fueron novios Martín y Angélica?
9. ¿Cuánto tiempo vivieron juntos después de casados?
10. ¿A dónde vuela con frecuencia el pensamiento de Telva?
11. ¿Cómo está vestida la Peregrina?
12. ¿Qué dice la Peregrina al entrar en la casa?
13. ¿A qué tienen derecho los peregrinos? ¿Por qué?
14. ¿Con quién compara Dorina a los peregrinos?

Páginas 19–29

1. ¿Por qué dice la Peregrina que ésta es una casa feliz?
2. ¿Por qué tiene Martín que montar el potro en vez de la yegua?
3. ¿Quién pone la espuela a Martín?
4. ¿Quién le tiene el estribo y la rienda?
5. ¿Por qué quiere volver a su cuarto la Madre?
6. ¿Por qué ladra tanto el perro esta noche?
7. ¿Cuál fué la última vez que la Peregrina estuvo en el pueblo?
8. ¿Qué boda se celebraba aquel día?
9. ¿En qué otras ocasiones pasó por allí la Peregrina?
10. ¿Qué quiere hacer Andrés cuando sea mayor?
11. ¿Dónde está señalado el camino a Santiago?
12. ¿Por qué van los peregrinos a Santiago?
13. ¿Quién hace más preguntas que un sabio contesta?
14. ¿Dónde siente frío siempre la Peregrina?
15. ¿A dónde quiere llevar Telva a los niños?

Páginas 29–39

1. ¿Por qué no termina nunca los cuentos el Abuelo?
2. ¿Qué cuentos sabía contar Angélica a los niños?
3. ¿Sabe la Peregrina jugar algún juego?
4. ¿Dónde se sientan todos?
5. ¿A quién tiene que imitar la Peregrina?
6. ¿Qué tiene que hacer el que se equivoca?
7. ¿Por qué se asustan los niños de la Peregrina?
8. ¿A qué hora tendría que estar despierta la Peregrina?
9. ¿Dónde durmió la Peregrina aquella noche?
10. ¿Qué mujeres no le gustan a Telva?
11. ¿En qué pensaba el Abuelo cuando se quedó solo?
12. ¿Qué hace el Abuelo mientras mira a la Peregrina?
13. ¿Por qué no despertaron los niños a la Peregrina?
14. ¿Qué ruido se oye fuera?
15. ¿Por qué estaba tan cansada la Peregrina?

TEMAS

1. La casa de labranza: dónde estaba—cómo era. Los miembros de la familia.
2. La Peregrina: cómo estaba vestida—de dónde viene—a dónde va—por qué se detuvo en la casa—con quiénes juega.
3. La Madre y Telva: cómo ven la vida—qué las une—en qué se diferencian.

ACTO SEGUNDO

PREGUNTAS

Páginas 40–50

1. ¿Dónde sigue el Abuelo?
2. ¿De dónde viene Telva?
3. ¿Qué le pregunta el Abuelo a Telva?
4. ¿A qué tiene miedo el Abuelo?
5. ¿Qué hace Telva cuando quiere abandonar una idea?
6. ¿Qué pasó el día de la nevadona?
7. ¿Dónde y cómo encontraron al pastor?
8. ¿Qué le pasó al herrero?
9. ¿Qué día explotó el grisú en la mina?
10. ¿Dónde estaba el Abuelo el día de la explosión en la mina?
11. ¿A qué hora se despertó la Peregrina?
12. ¿En busca de quién venía la Peregrina aquella noche?
13. ¿Por qué no se fía el Abuelo de ella?
14. ¿Cómo era la mirada de Nalón el Viejo cuando era niño?
15. ¿Qué hace ahora él en las romerías?

Páginas 51–62

1. ¿Por qué es amargo el destino de la Peregrina?
2. ¿A qué está condenada ella?
3. ¿Cuál es la palabra más hermosa en labios de un hombre?
4. ¿Quién gritaba a la puerta?
5. ¿A quién trae Martín en los brazos?

6. ¿Quién reanimó a la muchacha?
7. ¿Dónde tenía Martín una mancha roja?
8. ¿Qué había querido hacer Adela?
9. ¿Cuál fué el único día feliz para Adela?
10. ¿Cómo tenía ella las manos?
11. ¿Dónde acostaron a Adela?
12. ¿Qué no comprende la Peregrina?
13. ¿Qué promete ella al Abuelo?
14. ¿Cuántos años tiene el Abuelo?
15. ¿Cuándo volvería la Peregrina?
16. ¿Con qué palabras se despidieron la Peregrina y el abuelo?

TEMAS

1. Preocupaciones del Abuelo.
2. El triste destino de la Peregrina.
3. La aparición de Adela.

ACTO TERCERO

PREGUNTAS

Páginas 63–73

1. ¿Cuántos meses han pasado?
2. ¿Qué estación del año es?
3. ¿Qué le gusta oír a Quico?
4. ¿Qué tiene Quico en la mano?
5. ¿Cuándo ocurren historias de encantos?
6. ¿A dónde llevaba su caballo el conde?

7. ¿Quién era Alba-Niña?
8. ¿Por qué no se casaron Alba-Niña y el conde?
9. ¿De quién era el vestido que llevaba Adela?
10. ¿Cómo encontró el Abuelo a Adela?
11. ¿Qué harían los niños aquella noche?
12. ¿Qué noche era aquélla?
13. ¿Para qué pide permiso Falín?
14. ¿Qué recomienda Telva para la educación de los niños?
15. ¿Cómo volvió a casa Andrés el día antes?

Páginas 74–85

1. ¿Qué le dió el cielo a Adela?
2. ¿Qué le falta a Adela para ser feliz?
3. ¿Qué hace Martín cuando se queda solo con Adela?
4. ¿Qué siente Adela por Martín?
5. ¿Por qué cree Adela que no tiene derecho a querer a Martín?
6. ¿Qué pide Martín al entrar? ¿Por qué?
7. ¿Por qué no le gusta a Martín el vestido de Adela?
8. ¿Hasta dónde llegó la madre en su paseo?
9. ¿Había cambiado mucho el pueblo?
10. ¿Cuántos años hace que no va la madre a la fiesta?
11. ¿Qué va a hacer la vieja Telva aquella noche?
12. ¿Qué tiene Quico en la mano?
13. ¿Por qué no se atreve nadie a poner ramo en la ventana de Adela?
14. ¿De qué está hablando la gente del pueblo?
15. ¿De qué acusa alguna gente a Adela?

Páginas 86–99

1. ¿Qué oyó Martín al entrar en la taberna?
2. ¿Qué piensa Telva del vino de la tabernera?
3. ¿Con quién compara Telva a la tabernera?
4. ¿Qué hacía el Abuelo toda la tarde?
5. ¿Cómo era la noche?
6. ¿Cuántas lunas habían pasado desde la llegada de Adela?
7. ¿Es feliz Adela?
8. ¿Cuál es la peor de las angustias, según el Abuelo?
9. ¿Qué le pide el Abuelo a Adela aquella noche?
10. ¿Qué hacen los rondadores por la noche?
11. ¿A qué hora irían todos al baile?
12. ¿Dónde había estado la Peregrina durante este tiempo?
13. ¿Por qué es milagrosa el agua esta noche?
14. ¿En honor de quién se hacen las hogueras?
15. ¿Qué música se oye?
16. ¿Qué le pide el Abuelo a la Peregrina?

Páginas 100–112

1. ¿En qué noche había desaparecido Angélica?
2. ¿Qué le enseñó el Abuelo a la Peregrina?
3. ¿Conocía la Peregrina a Angélica?
4. ¿Quién llamó a Adela?
5. ¿Por qué buscaba Martín a Adela?
6. ¿A dónde pensaba ir Martín?
7. ¿Por qué quiere abandonar Martín la casa?
8. ¿Con qué ojos le miró Adela desde el primer día?
9. ¿Qué le confiesa Martín a Adela?
10. ¿Por qué no pueden amarse Adela y Martín?
11. ¿Cuándo había cambiado Angélica?

12. ¿Quién asistió a la ceremonia de la boda?
13. ¿Cómo y con quién había huído Angélica?
14. ¿Por qué había callado Martín su secreto?
15. ¿Por qué tiene Martín que maldecir el nombre de Angélica?
16. ¿Por qué llora Adela?
17. ¿Por qué está contenta la Peregrina?
18. ¿Qué historia contó la Peregrina a los niños?

TEMAS

1. Cambios en la casa desde que Adela ocupa el lugar de Angélica.
2. Las murmuraciones de la gente.
3. Siguen las preocupaciones del Abuelo.
4. La Noche de San Juan—las hogueras.
5. El secreto y confesión de Martín.
6. La historia que cuenta la Peregrina a los niños.

ACTO CUARTO

PREGUNTAS

Páginas 113-127

1. ¿Qué música se oye fuera de la casa?
2. ¿Qué piden los jóvenes?
3. ¿Dónde está Martín en aquel momento?
4. ¿Para qué quieren la leña los jóvenes?
5. ¿Qué les dió la Mayorazga a los mozos?
6. ¿Cuál es la noche más corta del año?

7. ¿Por qué ponen las muchachas alfileres en el agua?
8. ¿Cuántas veces se confiesa Telva al año?
9. ¿Qué flores tenía el ramo que Martín puso en la ventana de Adela?
10. ¿Cuándo pensaba marcharse del pueblo Martín?
11. ¿Por qué quiere la madre ir a la capilla?
12. ¿Por qué le pide perdón la Madre a Adela?
13. ¿Qué pañuelo le enseña la Madre a Adela?
14. ¿Qué contestó Adela a la pregunta: "Qué es Martín para ti"?
15. Según Telva ¿quién hacía algunos milagros?

Páginas 128–138

1. ¿Qué había observado la Madre desde hacía tiempo?
2. ¿Qué consejo le dió la Madre a Adela respecto a Martín?
3. ¿De quién había sido el pañuelo que llevaba Adela?
4. ¿Qué dice la Peregrina del amor?
5. ¿Ha sentido la Peregrina amor alguna vez?
6. ¿Qué pensaba hacer Adela antes de llegar la Peregrina?
7. ¿Quién esperaba a Adela en el baile?
8. ¿Qué promete la Peregrina a Adela?
9. ¿Qué le da Falín a la Peregrina?
10. ¿Qué debe la Peregrina a los niños?
11. ¿Por quién teme el Abuelo?
12. ¿Por qué esperó Angélica la llegada de la noche para entrar?

13. ¿Quién cree Angélica que no la ha olvidado todavía?

14. ¿Dónde estaba toda la familia cuando llegó Angélica?

15. ¿Cuántos años estuvo Angélica fuera de su casa?

Páginas 139-151

1. ¿Quién había plantado los geranios de la ventana?

2. ¿Qué dice Angélica sobre las grandes ciudades?

3. ¿Dónde creían la Madre y los niños que estaba Angélica?

4. ¿Creía Angélica que Martín la amaba todavía?

5. ¿Quién había ocupado en la casa el sitio de Angélica?

6. ¿Por qué no podría Angélica recobrar el amor de su familia?

7. ¿A quiénes vió Angélica alrededor de la hoguera?

8. ¿Quién estaba bailando con Martín?

9. ¿Qué había encontrado una de las muchachas? ¿Dónde?

10. ¿Qué vió la Madre en la puerta al entrar en la casa?

11. ¿Qué hora era cuando volvieron todos a la casa?

12. ¿Qué gritó Quico al entrar?

13. ¿Dónde habían encontrado el cuerpo de Angélica?

14. ¿Qué hacen todos al oír la palabra "milagro"?

15. ¿Qué se oye a lo lejos?

TEMAS

1. La leña para las hogueras. Manera de obtenerla.

2. Supersticiones y creencias del día de San Juan.

3. La Madre abre su corazón a Adela. Conversación entre las dos mujeres.

4. La aparición de Angélica: Su vida durante los cuatro últimos años y su regreso a la casa materna. Su arrepentimiento y sus esperanzas. Imposibilidad de recobrar el amor de su familia. Su muerte.

APPENDIX

APPENDIX

I

The eve of and the day of St. John (June 24th) have
been an occasion of festivities and much merry-making
for young people. Today some of these festivities seem
to be the vestiges of the pagan rites celebrating the ad-
vent of summer. The Greeks and Romans used to build
bonfires in order to help the god of light triumph over
the god of darkness.

In some villages of Asturias it is still customary to
make *hogueras* at midnight in the middle of the public
square, and to dance around or jump over them. The
fire is built by the young people with stolen wood or
wood given to them by the different families, the amount
varying according to their means. In some places the
girls prepare chocolate for the men. When the fire dies
out in the early hours of the morning all leave in search
of four-leaf clovers.

Many traditions, customs, legends and superstitions
connected with Midsummer Eve are preserved in Asturias better perhaps than in other sections of Spain, due
in part to the mountainous character of the region.
Young men, for instance, serenade on the streets and
place *ramos* at the door of the maiden of their prefer-
ence, or on her balcony, after which they promenade
through the town singing:

Mañanita de San Juan
madruga, niña, temprano,
a entregar el corazón
al galán que puso el ramo.

Maidens without *ramo* consider themselves slighted.

Some of the many traditional practices which have been subjects of popular songs, *romances* and legends that form the rich folklore associated with St. John's festival are still in existence.

II

La flor del agua in reality is not a flower, but water taken from the fountain before sunrise.[1] "Flor del agua," then, has a metaphorical sense and according to popular belief the girl who arrives at a fountain first and gets "la flor del agua" before anyone else will marry within a year and have all sorts of good luck. It is reported that at times people travel from one town to another to steal "la flor del agua," leaving a branch to indicate that the water of that fountain has lost its miraculous qualities. The name is derived perhaps from the fact that in old times people used to adorn fountains and streams with branches and flowers. A popular Asturian song describes the grief of someone who did not arrive in time to obtain "la flor del agua.":

Lleváronme la niña que más amaba,
y también me llevaron la flor del agua.
Todo me lo llevaron; no me dejaron nada . . .

[1] Cf. the ballad of "La flor del agua" in Luis Santullano, *Romancero español*, Madrid, 1930, p. 1579.

"La flor del agua" is believed to have the virtue of granting happiness and to cure eye ailments and other sicknesses.

Superstitions analogous to the ones mentioned in our play are very common and highly significant: [2]

a. The girl who throws pins in a glass of water expects as many years of happiness as there are pins floating on the water the morning of St. John.

b. The young women who dampen their underwear in the morning dew hope to obtain a husband or be safe from illness.

c. Taking the cattle out of the stable at night and leaving them exposed to the morning dew will make them healthy during the year and safe from the wolves when in the mountains.

d. The rite of "salar las vacas con sal bendita" consists of feeding cows salt dampened by the morning dew in the belief that in this manner they will be free from diseases and will give birth only to females.

e. Men with rheumatism and people with skin diseases believe that by rolling naked over grass covered with early morning dew they can be cured.

III

The abundance of folkloric references in Casona's work and the great number of allusions to local customs contained therein, deserve a few notes of explanation,

[2] For further information on superstitions and practices connected with St. John's Day in Asturias cf. Aurelio de Llano, *Del Folklore Asturiano*, Madrid, 1922, pp. 82–84.

some of which have been offered by the author himself:

1. *Delgadina* is the name of an old ballad. Several versions have been collected in Asturias, one of which begins:

> El buen rey tenía tres hijas,
> muy hermosas y galanas;
> la más chiquitina de ellas
> Delgadina se llamaba.[3]

2. *Xanas* in Asturian mythology are nymphs of small stature but of extraordinary beauty. They are supposed to have long hair, be dressed in the regional costumes and be Christians; they live in fountains or in underground palaces surrounded by treasures of gold which they promise to shepherds or to other human beings whom they believe capable of freeing them from their enchantment. Of the many *Xana* legends one relates that on the morning of St. John they come out from their hiding places to comb their golden locks, spin their golden threads, tend their golden chickens and play in the meadows before the sun rises.

3. *Serrín-serrán* is a game played often by an adult with a child held on his knees facing him. It begins by a rollicking movement which becomes faster and faster in rhythm with the music. At the end the grown-up clasps the child's hands and shouts the words "truque," "truque," "truque," which usually makes the tot laugh. In Oviedo they accompany the motion with this song:

[3] For *romances* dealing with this subject cf. Luis Santullano, *op. cit.*, pp. 1399 ff.

¡Aserrín, aserrán! Maderinos de San Juan.
Los del rey sierran bien; los de la reina también.
Y los del Duque: ¡truque! ¡truque! ¡truque! [4]

4. "Cuando canta el carro . . ." The reference is to
the peasants' carts in northern Spain, whose wide rotat-
ing wooden axles "sing" or squeak loudly when in motion. Very often young people can be observed putting
grease on axles to produce proudly a sharper note than
their neighbors.

5. The word "octava" means the complementary
festivities eight days after the principal celebration. As a
result, when a vow or promise cannot be fulfilled at a
certain time, it is possible to fulfill it eight days later.
In this particular case, the feast of St. Peter (June 29th),
which comes only five days after St. John's, can be considered the *octava* of the latter. This will explain the
implication of Telva's words when she says: "I placed
my wreath on your window the night of St. Peter. The
night of St. John I was unable to do it because of illness."

The whole sentence, *todos los santos tienen octava* is a
very common Spanish expression to indicate that there is
always time to do something left undone.

6. Actually St. John's Eve is not the shortest night of
the year, which is June 21st, the night of the summer
solstice. However, for the average person religion was of
greater importance than cosmography, and thus it was
necessary for the popular imagination to associate a scien-
tific fact with a religious festivity.

[4] A description of this game may be found in the poem entitled
"Los maderos de San Juan" by José Asunción Silva (Federico de
Onís, *Antología de la poesía española e hispanoamericana*, p. 82).

7. The blossoms of both the hawthorn and cherry tree are white, the symbol of purity. The fact that Martín places a bouquet of these flowers in Adela's window is intended to be an answer to those who have been questioning her reputation.

8. This is an allusion to a typical Asturian custom called *esfoyaza*: youths of both sexes husk the harvest of corn. Since the corn of Asturias is of a yellow variety and a red ear is a rarity, when an ear of corn of this color appears, the person who finds it has the right to kiss anyone he chooses. It is, therefore, not surprising that young men accelerate their efforts in the hope of finding the much coveted red ear.

9. The "son de arriba" is a very old dance of the Asturian mountaineers. Men and women dance apart from each other to a very primitive tune produced by striking a frying pan with an old iron key. More recently, however, instead of the frying pan and key, they use a very rustic home-made tambourine.

10. The *perlindango* is also a very ancient dance still in existence in a few places in Asturias. Only old women dance it occasionally now. According to the folklorist E. Torner, the women form a circle, with hands clasped, moving continually to the right while singing the song. When the moment of singing the refrain arrives, they stop holding hands, raise their aprons and swing them gracefully first to one side and then the other in rhythm with the music.

VOCABULARY

VOCABULARY

This vocabulary is intended to be complete except for personal pronouns whose usage offers no peculiarities, adverbs in -mente when the corresponding adjective is given, and a few words whose spelling and meaning are identical in both languages.

The gender is not indicated in the case of masculine nouns ending in -o and feminine nouns ending in -a, -ad and -ión. Radical changes of some verbs are indicated in parenthesis after the infinitive.

Abbreviations used: *adj.* adjective, *adv.* adverb, *f.* feminine, *m.* masculine, *pl.* plural, *p. p.* past participle, *pres.* present, *pres. p.* present participle, *pret.* preterit.

a to, toward, at, in, on, by, for, from; **al** + *inf.* = upon, when, on
abajo under, underneath, below
abalorio glass bead
abandonar to abandon, get rid of
abandono forlornness
abierto, -a (*p. p. of* abrir) open
abrazar to embrace; to surround
abrir to open
abrumado, -a dazed, overcome
absorto, -a lost in thought, absorbed
abuelo grandfather
acabao = acabado ended
acabar to finish, end; — **de** to have just; **-se** to be finished; to end
acariciar to caress, fondle

acaso perhaps; **por si** — in case
acción action
acebo holly (tree)
aceptar to accept
acercar to approach; **-se (a)** to approach, to (come) near
acertar (ie) to succeed; — **(a)** to happen
acodado, -a with the elbows on
acompañar to go (be) with, accompany
acordarse (ue) (de) to remember
acostado, -a in bed, lying down
acostar (ue) to put to bed; **-se** to go to bed
acostumbrado, -a accustomed
acostumbrarse (a) to become accustomed, get used (to)
actitud *f.* attitude

acto act
actuar to act
acusar to accuse
Adela Adele
adelfa rhododendron
ademán *m.* gesture, manner
además moreover, besides; — de
  besides
adiós good-by
adivinar to guess
adonde (to) where
¿a dónde? (*or* ¿adónde?)
  whither? where?
adornar to adorn; -se to adorn
  oneself (with)
afán *m.* desire, eagerness, long-
  ing
aferrarse (a) to cling (to)
aflojar to weaken
agarrado, -a holding, grasping,
  clinging
agobiado, -a exhausted
agradecer to thank, be grateful
  (for)
agrandar to enlarge
agrio, -a acrid; disagreeable
agua water
aguantar to bear, tolerate, stand
aguardar to wait (for)
aguardiente *m.* brandy
aguijada goad
¡ah! ah! oh! ¡— de . . . ! Hello
  . . . !
ahí there; por — near by; all
  around
ahogado, -a drowned; weak; *m.*
  drowned person
ahogar to drown, choke, stifle
ahora now; right away; — mismo right now, this moment
aire *m.* air; ¡aire! go away!
  mal — indisposition
ajeno, -a another's, of another
al = a + el; — + *inf.* on, when
alacena pantry

alba daybreak, dawn; al rayar
  el — at dawn
Alba-Niña *the name of a character in several ballads*
albar white
alborozado, -a excited
alcalde *m.* mayor
alcanzar to overtake; to follow
aldabón m. (large) knocker
aldea village
alegre happy, gay, merry
alegremente merrily
alegría joy, happiness; merriment
alejarse (de) to move away,
  leave
alfiler *m.* pin; *pl.* pins, pin
  pricks
algo something, anything
alguien someone
alguno (algún), -a some(one),
  any(one); *pl.* a few, some
alhajado, -a adorned with jewels
aliento breath, wind; breathing
aliviar to relieve; to recuperate
aljófar *m.* adornment with
  pearls
alma soul
almario (armario) wardrobe
almohada pillow
alrededor (de) around
alto, -a tall, high; loud; en lo —
  de at the top of
alumbrando lighting the way
alumbrar to light, illuminate
alzar to raise
allá there; — arribita up there;
  más — farther (on), far be-
  yond
allí there
ama mistress of the house
amanecer *m.* dawn
amanecer to dawn
amar to love
amargo, -a bitter; sad(ly)
amarillo, -a yellow

amasado: pan bien — bread well kneaded

amén *m.* amen; so be it

amigo (amiga) friend

amistad friendship

amo *m.* master

amor *m.* love; *pl.* love, beloved one; love making

amorosamente lovingly

amplio, -a wide

Ana Bolena Anne Boleyn (*2nd wife of Henry VIII of England; accused of loose morals*)

ancho, -a wide, broad; a sus anchas to (their) heart's content

andar to walk, go, run; to behave, act; to be; ¡anda! (¡andando!) come on! get going

andariega wanderer

Andrés Andrew

angel *m.* angel

Angélica proper name

angustia anguish, anxiety

angustiado, -a distressed; anxious(ly)

anillo ring

animal animal

animar to cheer up; -se to become animated

ánimo courage; ¡—! have courage!

anoche last night

ansia desire, anxiety

ante before, in the presence of

antemano: de — beforehand

antes before, rather; — de before; — de tiempo ahead of time; — que before, rather than; cuanto — without delay

anticipar to precipitate, rush

antiguo, -a old, ancient

antorcha torch

año year; *pl.* years, age; al año every year

apagar(se) to die out, go out, put out

aparecer to appear

aparejar to saddle, harness

aparición apparition

apartar to separate, take away; to sort out; -se to step aside, withdraw, draw back

aparte aside, apart

apasionadamente passionately

apenas hardly, scarcely, barely

aplazarse to be postponed

apóstol *m.* apostle (*specifically Santiago or St. James*)

apoyado, -a leaning on *or* against

apoyarse (en) to lean (on)

aprender to learn

apresurarse to hurry, hasten

apretar (ie) to squeeze, hold, press (down); to clench (fists)

aquel, aquella that; *pl.* aquellos, aquellas those

aquél, aquélla that one; *pl.* aquéllos, aquéllas those

aquí here; — mismo right here

Aragón *a region in northeastern Spain*

árbol *m.* tree

arca chest

arder to burn

ardilla squirrel

arena sand, gravel

árgoma furze (a bush)

arquitectura architecture

arracadas *pl.* earrings (with pendants attached)

arrancar to pull out; — de cuajo to pull by the roots; -se to take away; to wipe off

arranque *m.* start; — de escalera the first steps of an ascending staircase

arrastrar to drag

arrebato rage, frenzy

arreglar to arrange, settle, fix
arrepentimiento repentance
arriba above, up
arriero muleteer
arrodillar(se) to kneel down, be on one's knees
arrollado, -a rolled (around)
arroyo brook
arveja green pea
así so, thus, like that, like this, that way, in that manner
asiento seat
asistir (a) to attend, be present (at)
asomarse (a) to come near; to appear (at); to look out (of)
áspero, -a harsh(ly)
Asturias *mountainous region in northwestern Spain*
asustar to frighten; **-se** to get frightened
atar to tie (up)
atemorizado, -a frightened
atención attention; **prestar —** to pay attention
atender (ie) to attend, take care; **— a la mesa** to wait on the table
atendido, -a cared for
atraer to attract
atrás back, behind; **quedarse —** to be left behind
atreverse (a) to dare, be bold
aullar to howl
aumento increase; **en —** increasing
aún still, yet
aunque although, even if
ausente *adv.* absent(-minded), far away
autoridad authority
auxilio help, aid
avanzar to advance
ave *f.* bird
avellano hazelnut tree

Avemaría Hail Mary (*a short prayer of the Catholic church*)
avenida avenue
averiguar to investigate, find out
avivar to stir up the fire; to revive
¡ay! oh! ah! oh dear! **¡ — de!** alas for!
ayer yesterday
ayudar to help
azafrán *m.* saffron (*reddish color*)
azote *m.* spanking
azúcar *m.* sugar
azul blue

¡bah! bah!
bailar to dance
baile *m.* dance; **— de noche** night dance
bajar to go (*or* get, come, bring) down; to lower, turn down
bajo, -a under, low, beneath
balcón *m.* balcony
balsa pond
bañar to bathe
baño bath; bathtub
barba beard; **— de hielo** icicle (poetic)
barca boat
Barrabás devil **¡ —!** you (little) devil!
barranca ravine, cliff
bastante enough, quite
bastar to be enough **¡Basta!** That's enough! **me basta (con)** it's enough for me
bastidor *m.* embroidery frame
Bautista *m.* (John) the Baptist
bautizar to baptize
bautizo baptism
beber to drink; **-se** to drink up

belleza beauty
bello, -a beautiful, pretty, lovely
bendecir to bless
bendito, -a blessed
besar to kiss
beso kiss
bien *m.* good
bien well; very; all right; bien
 está fine, it's all right
bienestar *m.* comfort, well-being
bigardo loafer; big fellow
blanco, -a white
blandura softness; gentleness
Blas *imaginary character who
 always pretends to be right*
boca mouth
boda wedding
boina beret
bombasí *m.* dimity (*a cotton
 cloth*)
bordado, -a embroidered; *m.* embroidery
bordar to embroider
borde *m.* edge, margin
bordón *m.* pilgrim's staff
borracho drunkard
borrar to erase, wipe out,
 obliterate
borriquito little donkey
bota boot (riding boot)
botella bottle
botón *m.* button
braña summer pasture in the
 uplands
brasa live coal
bravo, -a wild; brave
brazo arm; al — on (*or* over)
 the arm; en -s in (his) arms
brezo heath (a shrub)
brillar to shine, sparkle
bruja witch
bueno (buen), -a good, kind
Buenos Aires capital of Argentina
bueyes *m. pl.* oxen

busca search
buscar to look for, seek

cabal perfect, faultless
caballista *m.* horseman
caballo horse; a — on horseback
cabellos *pl.* hair
caber to be contained (in)
cabeza head
cada each; — vez más + *adj.*
 more and more
cadera hip
caer to fall; — el sol the sun
 goes down; -se to fall
caja box, can; — de lata tin can
calceta: labor de — knitting
caldear to heat, warm up
caldo broth, beef-tea
calentar (ie) to warm up, heat
caliente hot, warm; hospitable
calor *m.* heat, warmth
calzar to put on (spurs)
callado, -a silent, speechless
callar to keep (*or* be) still, be
 (*or* keep) quiet; to conceal
cama bed ¡a la — ! time for bed!
cambiar to change, exchange
cambio change; en — on the
 other hand, instead
caminante *m.* traveler
caminar *m.* voyage, traveling
caminar to travel, move along,
 go
camino road, way, journey; —
 de on the way to, in the direction of
camisa shirt, blouse
campana bell
campanada stroke (of a clock)
campanilla bellflower
campesino, -a rustic; *m.* peasant; *f.* peasant girl
campo field, country, country
 side
canción song

candeal *m.* wheat (of superior quality)

cándido, -a innocent, simple, candid

cansado, -a tired

cansancio fatigue, tiredness

cansarse to tire oneself; to get (*or* be) tired; to bother

cantar *m.* song

cantar to sing

cantera quarry

cañada ravine

capaz (*pl.* capaces) able, capable

caperuza cap

capilla chapel, church

capucha hood

cara face

carácter *m.* character, nature

carámbano icicle

carbayón *m.* large holm-oak

carbón *m.* coal

carcajada laugh, laughter

carne *f.* flesh; — y hueso flesh and blood

carro cart, wagon; cartload

casa home, house; household, family; de — en — from house to house; en — at home

casarse to marry, get married

casi almost

caso case; hacer — to pay attention

castañar *m.* chestnut grove

castaño chestnut tree

castañuela castanet

Castilla *central region of Spain*

cayado walking staff; shepherd's crook

caza hunting

cazador *m.* hunter

cazar to hunt

celebrarse to be celebrated

celos *pl.* jealousy

celoso, -a jealous

cenar to eat (*or* have) supper; terminar de — to finish supper

ceniza ashes; sucias de — dirty with ashes

centeno rye

ceñir (i) to strap (on); to gird; to press down (against)

cera wax

cerca (de) near, close to; de — closely

ceremonia ceremony

cerezo cherry tree

cerrar (ie) to close

cesta basket

cestillo small basket

cesto basket

ciego, -a blind

cielo sky, heaven

ciento (cien) a (one) hundred; a -s by the hundred

cierto, -a certain, a certain; por — surely, to be sure

ciervo deer

cigarrillo cigarette

cigarro cigar, cigarette

cinta ribbon; —s de colores, different-colored ribbons

cintura waist

cinturón *m.* belt

cirio candle (*long and thick*)

cita appointment

cítola clack *or* clapper

ciudad city

claro, -a clear, bright; clearly; of course; — que of course; — que sí certainly

clavado, -a nailed, stuck, fastened, fixed

clavo nail, hook

cobarde coward(ly)

cobre *m.* copper; *pl.* pots and pans (*made of copper*)

cocina kitchen

codo elbow

coger to catch, pick (up); to get

cola tail

colgar (ue) to hang (up)

color *m.* color

colorao = colorado red

colorín *m.* bright color

colorista multicolor

comadre *f.* pal, neighbor and friend; gossiper

comentar to comment (on)

comenzar (ie) to begin

comer(se) to eat (up)

como as, like, as if, as though; unless

¿cómo? how?

cómoda chest of drawers

compañero companion

comparar to compare

compartir to share

completamente completely

Compostela *see* Santiago

comprar to buy

comprender to understand

comprensión understanding

con with; con que and so

concatenación concatenation

conciencia conscience

conde *m.* count

condenar to condemn

conducir to lead

confesar (ie) to confess

confesión confession

confianza trust

confidencia confidence, secrecy

confidencial confidential

confusamente confusedly, vaguely

conmigo with me

conmovido, -a moved (with emotion), touched

conocer to know, recognize

conseguir (i) to manage, succeed (in), attain

consejo advice

consentir (ie, i) to tolerate, permit

contagiar to spread by contagion

contar (ue) to tell, count

contemplar to look (at), watch, examine

contener to hold

contento, -a happy

contestar to answer

contigo with you

continuar to continue, keep (*or* go) on

contornada surroundings, neighborhood

contra against

contrario: al — on the contrary

convencerse to be convinced

convenir to suit, be fitting

convulsa convulsed(ly); agitating

corazón *m.* heart

cordialmente cordially

cordón *m.* string, cord

coro chorus, group

corona crown

coronar to crown

corral *m.* corral, yard

corre-calle a lively dance

corredor *m.* gallery, balcony

correr to run; to pass (by); to draw (a curtain); corre la voz it is rumored

corro: en — in a circle

cortar to cut

cortejar to court, make love

cortejo courtship

corteza crust (of bread)

cortina curtain

corto, -a short

corzo deer

cosa thing; affair; matter; era otra — it was different; una — something

cosecha crop

coser to sew

costar (ue) to cost; — trabajo to be hard (difficult)

costumbre *f.* custom; tener — (de) to be accustomed (to)

costurero sewing box

crecer to grow; os van a — los ojos your eyes are going to pop out

crecido, -a full-grown, grown-up, old enough

credo credo (a prayer)

creencia belief

creer to believe, think

criada servant

criatura child, baby

crío small child, brat

crispado, -a annoyed, irritated

crispar to twitch; to clinch

cristal *m.* glass, crystal; *pl.* window

Cristo Jesus Christ

Cristobalón *see* San —

cruel cruel

cruzar to cross, pass; — la cara to hack one's face

cuadro scene, picture

cuajado, -a thick with, decorated

cuajo: arrancar de — to tear up by the roots

cual which, such as; el (lo, la) cual, *pl.* los (las) cuales which, who

¿cuál? ¿cuáles? which one(s)? which?

cuando when; the time of

¿cuándo? when?

cuanto, -a as much as, all the; *pl.* as many as, all the; — antes immediately; — más ... más the more ... the more; en — as soon as; en — a with regard to

¿cuánto, -a? (cuánto, -a) how much; *pl.* how many

cuarenta forty

cuartillo (*a measure*) a little over a pint

cuarto, -a fourth; *m.* room

cuatralbo white-hoofed horse

cuatro four

cubierto (*p. p. of* cubrir) covered

cubrir to cover, protect

cuchichear to whisper

cuchillo knife

cuello neck

cuenta bead (of a rosary); account; darse — de to realize

cuento story, tale

cuerpo body

cuesta slope

cuestión matter, affair

cuidado care; tener — to be careful

cuidar(se) to take care of, look out for

culpa blame, fault; sin; tener la — to be to blame

cumplir to fulfil; -se to become true, come to be

cura *m.* parish priest

curar to cure, care for; -se to be cured, cure, take care of

curiosidad curiosity

curioso, -a curious(ly)

chica girl

chico boy

chimenea fireplace, chimney; mantelpiece; — de leña wood-burning fireplace

chispa spark

chorrear to drip, leak (out)

chorro: a — abundantly

¡dale! expression of displeasure

dama lady

danza dance

dañado, -a wicked, bad

daño harm; **hacer —** to harm, hurt

dar to give; **—** de sí to have (enough); **—** flores to bear fruit; **—** gusto to be pleasing (nice); **—** miedo to frighten; **—** (las nueve) to strike (nine); **—** un paso to take a step; **—** vergüenza to be ashamed; **-se** cuenta (de) to realize; **-se** prisa to hurry

de of, about; from; with; by; in; for; than; as

debajo (de) under, below; underneath

deber to owe; ought to, should, must; **—** de must

débil weak, feeble

decidir to decide

decir to say, tell, pronounce; **es —** that is (to say); **querer —** to mean

decisión decision, determination

declinar to decline

dedo finger

defender (ie) to defend, protect

dejar to let, permit; to leave, abandon; **—** caer to drop; **—** de to fail to; to stop; ¡déjame! leave me alone!

del = de + el

delantal *m.* apron

delante (de) in front (of), before

delgado, -a thin

Delgadina *proper name*

demás: los **—** the others, the rest

demasiado too much; too; *pl.* too many

¡demonio! the deuce!

dengue *m. a kind of shawl worn by women which is tied be-*

hind the waist after it is crossed in front

dentro (de) within, inside; por **—** inside; me estás leyendo por **—** you are reading my thoughts

depender (de) to depend (on)

derecha right; right hand; a la **—** on the right; por la **—** from (*or* on) the right; primera **—** first (door) on the right

derecho *m.* right

derrumbe *m.* landslide

desangrar to bleed

desaparecer to disappear

desatar to untie, loosen; **—** los nervios to ease one's nerves

descalzo, -a barefooted

descansar to rest

descargar to unload; to burst (out)

descolgar (ue) to take down (*or* off)

desconcertado, -a disconcerted

desconocido, -a unknown, unrecognizable; *m.* stranger

descubierto (*p. p. of* descubrir) bare

descubrir to discover, disclose; **-se** to take off one's hat

desde from, since; **—** hace tiempo for some time; **—** que since

desesperadamente desperately

desesperado, -a desperate, hopeless

desfallecer to faint

desgracia misfortune, bad luck

desgranar to shell

deshojar to pull off the petals

desierto desert

desilusionado, -a disillusioned

deslizarse to slip (by)

deslumbrar to shine brightly, daze, dazzle

desmayado, -a fainted
desnudar to undress
desnudo, -a bare; clear
despedida farewell, leave-taking
despedir (i) to send away, take
 leave of
despertar (ie) to wake up; **-se**
 to awaken, be awakened
despierto, -a awake
después afterwards, then, later
 (on); — **de** after; — **de todo**
 after all
destinado, -a destined
destino fate
destrozar to destroy
destruir to destroy, thwart
desvanecerse to vanish
detener(se) to stop
detrás (de) behind, after
devanar to wind
devolver (ue) to return, give
 back
dí (*imperative of* decir) speak!
día *m.* day, daytime; birthday;
 del — of today; **por el** — during the day; **todos los** —**s**
 every day
diablo devil
diciembre *m.* December
dicho *m.* old saying, proverb
dicho (*p. p. of* decir) said;
 dichos the same (*characters
 that remain on the stage*)
diferenciarse to differ, be different
difícil hard, difficult; **lo** — the
 difficult thing
dinamita violent explosions
Dios God; — **dirá** we shall see;
 ¡Mi —**!** Good heavens!
dirigir to lead, direct; **-se a** to
 go to (*or* toward); to speak
 to
disculpa excuse
disculpar to excuse
disfrazado, -a in disguise

dislocado, -a dislocated
dispararse to go off (**a gun**)
disparate *m.* nonsense
diste (*pret. of* dar)
distinguir to distinguish
distinto, -a different
doblarse to bend
doblegar to subdue
doler (ue) to hurt, ache
dolor *m.* sorrow; pain; grief
domar to tame
dominarse to control oneself
domingo Sunday
donde where; (in) which; **por** —
 vino the way (she) came
¿dónde? where? **¿a** —**?** (to)
 where?
Doriña *proper name*
dormido, -a sleeping, asleep; *f.*
 the sleeping woman
dormir (ue, u) to sleep; **-se** to
 fall asleep, go to sleep
dos two; **los dos** both
dudar to hesitate
dulce sweet, agreeable
dulcemente softly, sweetly
dulcificar to sweeten
durante during
durmiente *m.* and *f.* sleeping
 person
durmió *pret. of* dormir
duro, -a hard, stiff

echar to throw, pour, put in;
 -se a + *inf.* to begin (start)
 to; to burst out
edad age
educación education
¡eh! huh! what!
ejemplo example
ejercicio exercise
el the (*before parts of the body
 and clothing*) my, his etc.
 — **de** the one with, the one of,
 that of; — **que** the one who,
 the one that, which

él he, it; him
elegancia elegance
elegir (i) to choose, select
ella she, it; her
ellos, ellas they; them
embargo: sin — however, never-
theless
embobado, -a stupefied
emborracharse to get intoxi-
cated
emoción emotion
empedrar to pave
empeñarse (en) to insist (on),
persist
empezar (ie) to begin
empinar to raise (a bottle)
empujar to push, impel
empuñar to clutch, grasp
en in; at; on, upon; with;
about
enamorado, -a in love
enano dwarf
encalado, -a whitewashed
encandilar to stir (up)
encantado, -a enchanted
encanto enchantment; historias
de —s fairy tales
encargar to order; to ask; to
entrust
encender (ie) to light, kindle
encendido, -a lighted; lumbre
-a burning fireplace
encerrar (ie) to shut in, lock
up; -se to lock oneself up
encima over, on top; besides;
— de on top of; por — de
over; quitarse de — to take
off of oneself
encontrar (ue) to find; -se to
come across; to find oneself;
to be
enérgico, -a energetic; ener-
géticamente
enfermo, -a sick, ill
enfriar to cool off, get cold
engañar to deceive

enlazadas: con las manos —
holding hands
enredar to tangle, involve
enseñar to teach, show
ensillar to saddle
entender (ie) to understand
entero, -a whole; real; strong
enterrado, -a buried; stifled
entonces then
entornando half-closing
entrada entrance, door
entrañas *pl.* inner being, heart,
soul
entrar (en) to enter, go (come)
in
entre between, among; on;
-tanto meanwhile
entregarse to surrender
envenenar to poison
envidiar to envy
envolver (ue) to confuse; to
wrap
equivocarse to be mistaken,
make a mistake
era *f.* place for thrashing
(wheat)
esa, ésa *see* ese, ése
escalera stairs
escalofrío chill; shudder
escaparse to escape, run away
escarcha white frost
escena scene, episode; stage;
la — sola no one on stage
escoba broom
esconder to hide
escondidas: a — on the sly
escopeta shotgun
escribir to write
escrito (*p. p. of* escribir)
written
Escritura, la the Holy Writ
escuchar to listen (to)
escudilla bowl
escuela school
ese,- esa that; *pl.* esos, esas
those

ése, ésa that one, that person; *pl.* **ésos, ésas** those

esfuerzo effort; **con un — de recuerdo** making an effort to remember

eslabón *m. a piece of steel, chain-link shape, which the peasants strike against a flint rock to produce sparks*

eso that; **¡eso!** that's a good one! **eso no** that's not so; **por eso** for that reason, on that account

espadaña reed mace (*a plant*)

espalda back, shoulders; **de -s** back to

espantar to scare; to drive away; **-se** to be frightened

España Spain

espejo windowpane, mirror)

espera waiting

esperanza hope

esperar to hope (for), expect; to wait (for), await

espeso, -a thick, heavy

espiga ear (of grain); **— de trigo** wheat sheaf

espina thorn

espino hawthorn

espíritu *m.* spirit

esposa wife

espuela spur

espuma foam

esquivo reserved; evading

esta, ésta *see* **este, éste**

establo stable

estación season

estallar to burst

estampa picture, print

estancia room

estaño tin

estar to be; **está bien** fine, all right; **¡Ya está!** That's done!

este, esta this; *pl.* **estos, estas** these

éste, ésta this, this one; the

latter; *pl.* **éstos, éstas** these, they

estera mat; **— de soga** mat rug

estéril childless, sterile

esto this

estopa tow, flax

estorbar to be in the way

estorbo hindrance

estrechar to press; **— la mano** to shake hands

estrella star

estremecerse to shudder, tremble

estrenar to put on (for the first time)

estribillo refrain

estribo stirrup

estridencia shrill noise, yell

estruendo: con — noisily

eterno, -a eternal, everlasting

evitar to avoid; to prevent

exageradamente with exaggeration

existir to exist

explicar to explain

explorar to examine, explore

explosión explosion

explotar to explode

expresarse to speak, express oneself

éxtasis *m.* ecstasy

extrañar to surprise; **-se** to be surprised at (by)

extraño, -a strange, unusual; *f.* stranger

fácil easy

falda skirt

Falín *proper name*

falso, -a false

falta need, lack; **no hace —** it isn't necessary

faltar to be necessary; to be missing, lack; **— (a)** to fail (in); to break

familia family

fantasía fantasy, fancy
farol *m.* lantern
fascinado, -a fascinated
fatiga fatigue, weariness
fatigado, -a tired, waned
fe *f.* faith
fecha date
feliz (*pl.* **felices**) happy
femenino, -a feminine
feria fair
fiarse (de) to trust
fiebre *f.* fever
fiel faithful
fiesta holiday, festival, celebration, merrymaking; **día de —
grande** a big holiday
figura figure
fijamente attentively
fijarse (en) to notice
fijo, -a fixed(ly), steady; **con
ojos -s** staring
filo point; edge
fin *m.* end; **al (por) —** finally
final *m.* end
fingir to pretend
flor *f.* flower; prime; see *Appendix* II; **en —** in bloom
flotante floating
flotar to float
fogueral *m.* bonfire
fondo bottom; background (*one
of the divisions of the stage*);
del (al) — in the background
forastera *f.* stranger
forma form, shape
formar to form, take form
fragua blacksmith's shop
fraile *m.* friar, monk
frasco small bottle
frecuencia: con — frequently,
often
frente *f.* forehead; front; **— a**
in front of; **de —** face to face
fresno ash (tree)
friamente indifferently
friegas *f. pl.* rubbing

frío, -a cold; **tener —** to be cold
frotar to rub
fuego fire, fireplace
fuente *f.* fountain
fuera outside; away; **— de besides,** except, away from
fuerte loud(ly); strong(ly);
hard
fuerza strength, force, intensity; *pl.* strength; **a la —** by
force; **tener — to** be strong
enough to
fuga escapade, flight
furtivamente secretly, on the
sly
fusta whiplash

gaita bagpipe
gaitero bagpiper
gala prize; pride; *pl.* finery; **-s
de boda** wedding outfit
galán (**galana**) elegant, gallant,
goodlooking; *m.* handsome
man, ladies' man, young fellow
galerna stormy wind
galopar to gallop
galope *m.* gallop; **a —** hurriedly
gallina hen
ganado cattle
ganar to win, gain; to come out
garganta throat
garza heron
gato cat
gavilán *m.* hawk
gente *f.* people; **— extraña**
strangers
geranio geranium
gesto gesture
ginesta scotch-broom
giraldilla *a very old popular
coral dance of Asturias, of
great simplicity*
gloria glory; pride
golpe *m.* blow; **de —** all of a

sudden, suddenly; — **de viento** gust of wind

golpear to hit, strike

gota drop

gozoso, -a joyous(ly), merry, glad

gracia grace, charm; *pl.* thanks; **dar las gracias** to thank

grande (gran) large, great, big; **los grandes** older people, grown-ups

granero granary, barn

grisú *m.* fire damp; gas

gritar to shout, cry (out)

grito shout, yell; sound; **a —s** loudly; shouting

grueso, -a thick, heavy

guapetona goodlooking, handsome

guardar to keep; to put away; to watch (over)

guardia guard, watch

guerra war

guinda (a kind of) cherry

guitarra guitar

gustar to please, like; **le gusta** he likes

gusto pleasure; taste; **dar —** to be pleasing

haber to have (*auxiliary*); to be (*impersonal*); **— de** + *infinitive* to be to; should; **— que** + *infinitive* to be necessary, one must

habitación room

hábito dress, habit (*garment*)

hablar to speak, talk; to say

hacer to do, make; to be; **—** + *period of time* ago; **— caso** to pay attention; **— daño (a)** to hurt, harm; **— otra cosa** to do something else; **— pan** to bake bread; **— una pregunta** to ask a question; **-se** to become;

-se un porvenir to make a future for oneself

hacia toward

hacha axe

¡hala! come on!

hambre *f.* hunger; **con —** hungry, hungrily

harás future of **hacer**

harina flour

harto: estar — to be fed up

hasta until, (up) to, even, as far as; **¿— dónde?** how far? **— que** until; **— luego** good-by for the moment; **— siempre** for always

hay (*impersonal* **haber**) there is, there are; **— que** it is necessary, one must

haz *imperative of* **hacer**

hecho, -a *p. p. of* **hacer**

helado, -a frozen

helar (ie) to freeze

hembra female

hermana sister

hermano brother; *pl.* brothers and sisters

hermoso, -a beautiful, goodlooking

herrero blacksmith

hielo ice

hierro brand; iron

higo fig

higuera fig tree

hija daughter; **¡ — !** my dear! my child! **—s mozas** young daughters

hijo boy, son; *pl.* children, sons and daughters

hilar to spin

hilo linen; thread

hincar to sink into

hinchar to swell

historia story; history

hogaza loaf of bread (*large and usually round*)

hoguera bonfire

hoja leaf

hojuela pancake

hombre *m.* man; ¡— de Dios! My good man!

hombrecito little man

hombro shoulder; al — on (his) shoulder; en (los) -s on (his, her, *etc.*) shoulders

hondamente deeply (moved), touched; mirar—to stare (at)

hondo, -a deep(ly)

honor *m.* honor

honra reputation, honor

honradamente honorably

honrado, -a honest, honorable; *m.* honorable person

hora hour; time; —s enteras hours on end; ¿a qué hora? at what time?

horno oven

hoy today

hubiera *imperfect subjunctive of* haber

hubo (*pret. of* haber) there was

hueco, -a hollow

huele, huelen (*pres. of* oler); huele a it smells of *or* like

huerto garden, orchard

hueso bone; carne y —flesh and blood

huevo egg

huído, -a avoiding people

huir to flee, run away

humano, -a human

humedad dampness

húmedo, -a wet

humildad humility

humillante humiliating

humo smoke

humor *m.* humor; de mal — in bad humor

huyo *pres. of* huir

idea idea

iglesia church

igual like (that), the same; — que like

iluminado, -a sparkling, bright; in a trance

iluminar to light

imagen *f.* image

imaginación imagination; imagining

imaginar to imagine, think

imitar to imitate

impaciente impatient

impasible indifferent

imperativo, -a imperative, commanding

imponer to impose

importante important

importar to matter, concern; to be important; no importa it doesn't matter; ¡qué importa! what difference does it make! ¿le importa? do you mind?

imposibilidad impossibility

imposible impossible

impresionado, -a impressed

inclinarse to bend over, lean

incorporarse to straighten up, get up

indicar to point out, indicate, show

infernar (ie) to damn

infierno hell

infinito infinite, immense

iniciar to begin, start

inmóvil motionless

inquietante restless(ly), disturbing(ly)

inquieto, -a restless, disturbed

instante *m.* instant, moment

instintivo, -a instinctive

instinto instinct; inclination

intensamente intensely

íntimo, -a intimate(ly); voz íntima friendly voice

intruso (intrusa) intruder

inútil useless, in vain; -mente in vain

invernal wintry

invierno winter; **día de —** winter day; **por el —** in winter

invisible invisible

ir to go; ir a + *inf.* to be going to; ir + *pres. p.* to be, to keep on; -se to go away

ira anger, wrath

ironía irony

irrumpir to rush in; to break through

izquierda left; **a la —** on the left; **por la —** on *or* from the left

jamba door jamb

jardín *m.* garden

jarra pitcher, jug

jinete *m.* horseman, rider

Jordán *m.* the river Jordan

joven young; *m. pl.* young people

Juan John; **San —** St. John

juboncillo small doublet *or* blouse

juego game

jugar to play

junco rush (*a plant*)

junio June

juntarse to join, get together

junto, -a near, together; **— a** next to, by; *pl.* together

juramento oath

jurar to swear

juventud *f.* youth

juzgar to judge

la the; the one, it; you, her; my, his, *etc.;* **—** de that of, the one with; **— que** which, the one that, the one who

labio lip

labor *f.* work; embroidery; **— de** calceta knitting

labrador peasant; **señorío —** higher class of peasants

labranza farming; **casa de —** farmer's house

lado side; **a mi —** by my side

ladrar to bark

ladrido barking

ladrón (ladrona) thief; *adj.* roguish

lagarta lizard

lágrima tear

largo, -a long; **¡— de aquí!** get out of here! **pasar de —** to pass by *or* through

las the; the ones; them; my, your, *etc.;* **—** de those of, the ones with; **— que** the ones that, the ones who

lástima pity; **¡ — !** it's a pity!

lata tin can

latigazos: **a —** with whiplashes

látigo whip

latir to beat, throb

laurel *m.* laurel

lavar to wash

le him; to (for) him; you; to (for) you; her; to (for) her; to it

leal frank; **-mente frankly**

lección lesson

leche *f.* milk

lechuza owl

leer to read

legua league (*measure of length*)

leja rack (*in a kitchen*)

lejano, -a far away, in the distance

lejos *adv.* far off, in the distance; **a lo —** in the distance; **de** *or* **desde —** from afar, from a distance

lengua tongue; language

lento, -a slow(ly); easy; **lentamente slowly**

leña firewood

leño (fire) log; **unos -s** some wood

les them; to them; you; to you

levantar to raise, lift up; -se to get up

ley *f.* law; ser de — to be legitimate, be proper

leyenda legend

liar to roll (a cigarette); to tie

libertad liberty

librar to deliver (from); to free; -se (de) to escape, be free from

libro book

ligar to tie

limitar to limit

limosna alms

limpiamente clearly; with cleanliness

limpiar to clean

limpio, -a clean, fresh, pure, untarnished

linda pretty; -s palabras sweet nothings

lo it, him, you; the, what is; so; — que what, that

lobo wolf

loco, -a crazy, mad

locura madness

lograr to succeed (in)

los the; them, you; his, her, your, *etc.;* — de the ones of, those of; — que those of, the ones that, those who

losa slab, flagstone

loza earthenware, pottery

Lucía Lucy; Santa — *the patron saint of all who suffer eye ailments*

lucir to show off

lucha struggle, fight

luchar to struggle, fight

luego then, later, afterwards; hasta — see you later

lugar *m.* place

lujo luxury, elegance

luna moon; **noche de — moon**light night

luz *f.* light

llaga wound, sore

llama flame, fire

llamada call

llamar to call, name; to knock, ring; mandar — to send for; -se to be called, be named

llanto weeping; tears

llegada arrival

llegar to arrive, come; to reach; — tarde to be late

llenar (de) to fill (with); to gladden

lleno, -a (de) filled (with), full (of)

llevar to carry, take (away); to wear; to have; to endure; -se to take, take away

llorar to weep, cry; to mourn; — por to cry over

madeja skein

madera wood, lumber

maderito small piece of wood

madre *f.* mother

madrugada dawn; early rising

madrugar to rise early, get up early

madurar to ripen

maduro, -a ripe

maíz *m.* corn; **campos de —** cornfields

maizal *m.* cornfield

mal *m.* evil, wrong, harm

maldecir to curse, damn

maldito, -a cursed; confounded

malicia malice; suspicion

malicioso, -a malicious(ly)

malo (mal), -a bad; ill

¡malpocada! (*Galician*) silly one!, poor girl!

malvavisco marshmallow

mancha spot, stain

mandar to order, give orders; to send; — **llamar** to send for, call; ¡**mande**! at your service!

mandil *m.* apron (*short and narrow*)

manera way, manner; **de todas -s** at any rate, anyway

manga sleeve; **en -s de camisa** in shirt sleeves

mano *f.* hand; **con mis -s** with my own hands; **de — en —** from hand to hand

manojo bundle; bunch

mantel *m.* tablecloth; dining room table; **recoger -es** to clear the table

mantellín *m.* sort of mantilla

mantener to keep (up), sustain; — **de pie** to hold up

mantilla shawl

manto cloak, mantle

manzana apple

mañana morning; tomorrow; **pasado —** day after tomorrow

mañanita early morning, dawn

maquila the toll of grain which the miller keeps in payment for his services of grinding the grain; levy of grain

mar *m.* sea

maravilloso, -a marvellous

marchar to go (away); to leave; **-se** to go away

marido husband

mármol *m.* marble

Martín Martin

marzo March; **por —** around March

más more, any more; any longer; most; else; so; **de —** too much, in excess; **no — que** only

mastín *m.* mastiff (*shepherd's dog*)

materno, -a maternal

matar to kill

mayo May; **sol de —** May sunshine

mayor older, oldest; larger; **de -es** when (they) are older (grown-ups)

mayoral *m.* overseer, foreman

mayorazgo, -a *the first born child who becomes heir to the family estate*

me me; to (for) me; myself

mecha wick

medallón *m.* medallion

medio, -a middle; half, a half; **a -a noche** at midnight; **a -as** half-way; **por —** (in) between

medroso, -a frightened; timid(ly)

mejor better, best; **lo —** the best thing

melancolía gloom, sadness

memoria memory

mendigar to beg

menor younger, youngest

menos less, least (of all); except; — **mal** so much the better; **por lo —** at least

mentir (ie, i) to lie

mentira lie

merendar (ie) to eat a bite (*in the middle of the afternoon*)

merienda picnic; picnic grounds

mes *m.* month

mesa table

mesón *m.* inn

meter to put (in), place; **-se** to get into; to interfere; **-se a + inf.** to start to; **-se en** to enter; **-se por medio** to get in between

mi my, mine

mí me (*after prepositions*)

miedo fear; **dar —** to frighten; **tener — (a)** to be afraid (of)

miel *f.* honey, nectar

miembro member

mientras while; -**tanto** meanwhile

miga crumb (*the inside part of bread*)

migaja crumbs

migar to put crumbs in; — **sopas** to crumble bread

milagro miracle

milagroso, -a miraculous

millar *m.* thousand

mina mine

minuto minute

mío, mía my, mine, of mine; **el (la, lo,** *etc.***)** — mine, of mine

mirada gaze, glance, look

mirar to look, look at, see, watch; to consider; — **hacia atrás** to look back

misa mass

mismo, -a same; self; **ahora** — right now; **aquí** — right here; **ayer** — just yesterday; **él** — he himself; **lo** — the same thing, just the same

misterio mystery

misterioso, -a mysterious

místico, -a mystic

mitad half; middle

mocedad youth

mocerío young people

modo way, manner; **de algún** — in some manner

mojado, -a dipped; wet

molino mill

momento moment

moneda coin

monstruo monster

montaña mountain

montañés *m.* highlander

montar to ride; **botas de** — riding boots

monte *m.* mountain

morado -a black and blue; purple

morder (ue) to bite

morir (ue, u) to die

moro Moor

morro snout

mosquita small fly; — **muerta** prim one (*one who feigns meekness*)

mostrar (ue) to show

motivo reason, cause

mover (ue) to move; to wag; -**se** to move, go away

mozo, -a young; *f.* girl

mozo youth, lad, young man; servant; *pl.* young people; — **del molino** millhand

muchacha girl

mucho, -a much, a great deal (of); very; *pl.* many; **por** — **que** however much

muebles *m. pl.* furniture

muela molar tooth

muérdago mistletoe

muerte *f.* death

muerto, -a (*p. p. of* **morir**) dead; *m. and f.* dead person

mujer *f.* woman, wife

multicolor of many colors

mullir to ready a stable (*usually by spreading straw on the floor*), to bed

mundo world; **todo el** — everyone, everybody

muñeca wrist

murmuraciones *pl.* gossip

muro wall

musgo moss

música music

muy very

nacer to be born

nada nothing, (not) anything; not at all; — **más** only, just

nadador *m.* swimmer

nadie no one; (not) anyone, (not) anybody

naipe *m.* card

Nalón *m. river in Asturias; also
a family name*
naranjo orange tree
Narcés *a family name*
narración narration, account
naturalmente naturally
navaja knife, pocketknife
nave *f.* boat, ship
navegante *m.* mariner; traveler
navegar to sail, navigate
neblina fog
necesario, -a necessary
necesitar to need
negar (ie) to deny
negro, -a black
nervio nerve
nervioso, -a nervous(ly)
nevada snowfall
nevadona heavy snow storm
ni nor, not even; ni ... ni neither
... nor; — siquiera not even
nido nest
niebla fog, mist
nieto grandson; *pl.* grandchil-
dren
nieve *f.* snow
ninguno (ningún), -a none,
(not) any; no one
niña girl, child; de — in childhood
niño boy, child
no no, not; no más que only
¿no? Is it not?
noble excellent; imposing
noche *f.* night, evening; a media — at midnight; buenas -s
good night, good evening; de
— at (by) night, night; es
de — it is night; esta noche
tonight; por la — at night
nogal *m.* walnut (tree or wood)
nombrar to mention; name
nombre *m.* name
nos us; to us; ourselves, each
other
nosotros we; us

novelería story telling
novia sweetheart, betrothed
noviembre November
novillo steer, young bull
novio sweetheart, betrothed
nube *f.* cloud
nudo knot
nuestro, -a our; el (la, *etc.*) -
ours
nuevamente again
nueve nine; las — y media nine
thirty
nuevo, -a new; another
nunca never, (not) ever

o or
obedecer to obey
obligar to force, compel
obra work
observar to observe, watch
obsesión obsession
obsesivamente highly moved
obtener to obtain, get
ocasión occasion
ocre *m.* ocher (color)
octava *a period of special wor-
ship; see Appendix* III, 5
ocultar to hide, to cover up
oculto, -a concealed
ocupar to occupy; to fill one's
place
ocurrir to happen, occur; -se
to occur; to strike; ¿no se te
ha ocurrido? Hasn't it oc-
curred to you?
ocho eight
odiar to hate
odio hatred
odioso, -a hateful
ofrecer to offer
oído ear; regalar el — to flatter
oír to hear, listen (to); to understand; -se to be heard
¡ojalá! would that! I wish! I
hope so!; ¡ — que nadie ... !
let's hope that no one . . . !

ojo eye; ¡ — ! be careful!; con
  los -s clavados en staring at;
  ¡mucho — !.look out! watch
  out!
oler (ue) to smell; — a to smell
  of (like)
Olinos *a family name*
olor *m.* odor, smell
olvidar to forget; -se de to forget
onza doubloon (*a coin*)
orden *f.* command, order
oreja ear
orgullo pride
orgulloso, -a proud; sensitive
orilla bank, shore; a la — del
  río by the bank of the river
ornado, -a adorned
oro gold
orvallo dew
os you; each other
oscurecer to get dark
oscuro, -a dark; hidden; a oscuras in the dark
oso bear
otro, -a other, another; los -s
  the rest; otra cosa something
  (anything) else
oveja sheep
ovillo ball (of yarn)
oye: se — it is heard, one hears
oyó *pret. of* oír

pagar to pay, pay for; to repay;
  to atone (for)
página page
país *m.* country
paisaje *m.* landscape
pájaro bird
pala blade
palabra word
palacio palace
pálido, -a pale, discolored
palmada slap; dar una — to pat
  on the back
pan *m.* bread

pandero tambourine; drum
panoya = panoja ear of corn
pañolón *m.* shawl, scarf
pañuelo handkerchief; bandana
par *m.* pair, couple; — a — side
  by side; de — en — wide open
para for, in order to, to; — que
  so that; ¿ — qué? why? what
  for?
parar to stop; -se to stop
parecer to seem, appear; to
  seem like, look like; — mal to
  seem wrong; -se (a) to re-
  semble
parecido, -a similar, like
pared *f.* wall
pareja couple, pair
parir to give birth
parlero, -a talkative
párpado eyelid
parra vine
parroquia parochial church
parroquial parochial
parte *f.* part; (dí le) de mi —
  (tell her) on my behalf
partir to split, cut, break
pasado past; — mañana day
  after tomorrow
pasar to pass, cross; to happen;
  to enter; — de largo to pass by
  (without stopping); ¿qué le
  pasa? what's the matter with
  you (him)?
pascua *a religious holiday*
pasear to walk, promenade
paseo walk
pasión desire, passion
paso passing; step; pass, passage
  (*in the mountains*); de —
  passing through; at the same
  time; salir al — to confront,
  face (someone)
pastor *m.* shepherd
pata paw
pausa pause
paz *f.* peace

pecho chest, breast, bosom
pedir (i) to ask, ask for, beg
pedrada blow from a stone
Pedro Peter
pegar to beat, strike; **-se** to stick
peinado hair-do
peinarse to comb (hair)
pelea fight; **andar de —** to be in a fight
pelearse to fight, come to blows
pelgar *m.* good-for-nothing rascal
peligro danger
peligroso, -a dangerous
pelo hair
pelliza fur cloak
pena grief
penetrar to penetrate, enter
penitencia penance
pensamiento thought(s)
pensar (ie) to think; to intend, plan; to expect; **— en** to think of (*or* about)
pensativo, -a thoughtful, pensive
peor worse, worst
pequeño, -a small, little; *m.* and *f.* child; **los -s** the little ones; **de -s** when (they are) children
perder (ie) to lose; **— el sentido** to become unconscious; **-se** to disappear, get (be) lost
perdón *m.* forgiveness
perdonar to forgive
peregrino (peregrina) pilgrim
perlindango *an old folk dance of Asturias*
permiso permission
permitir to allow
pero but
perro dog
perseguir (i) to pursue, follow
personaje *m.* character
pertenecer to belong; to be
pesado, -a slow; heavy

pesar to weigh, be weighty
peso weight; **sin —** lifeless
pez *m.* (*pl.* peces) fish
pezuña hoof
piadosamente piously
picar to bite (as insects)
pide *pres. of* **pedir**
pie *m.* foot; **de —** up and doing; standing
piedra stone, rock; **— encalada** stones covered with whitewash
piel *f.* skin
pierna leg
pintar to paint
piqueta pickaxe
pisar to step, tread
planta plant; **— baja** ground floor
plantar to plant
plata silver
platillo plate, saucer; **— de estaño** tin plate
plato dish
playa shore, beach
plena vibrant; **— juventud** (the) bloom of youth
plomo lead
pobre poor; *m.* poor one
poco, -a little; few; short time; **— a —** not so fast; little by little; **— tiempo** a short time
poda pruning; firewood (*from pruning trees*)
podar to prune
poder to be able, can, may; **se puede** one can
poeta *m.* poet
polvo dust
pomar *m.* orchard (apple orchard)
pomarada apple orchard
poner to put, place; **-se** to put oneself; to put on; to become; **-se a** to begin; **-se en pie to** stand up

por by, through, for, from; as; in; on account of, because of; **por** + *adj.* + **que** however; — **ahí** somewhere around; — **allá (allí)** that way; — **aquí** around here, this way

porque because, for

por qué (¿por qué?) why?

porrón *m.* jug

portón *m.* court door (of a house)

porvenir *m.* future

posada lodging

posarse to perch

posible possible

potro colt

pradón *m.* "big" meadow

precioso, -a lovely, beautiful

precisamente just; precisely

preciso: es — it is necessary

predicadora woman preacher

preferir (ie, i) to prefer

pregunta question; **hacer una —** to ask a question; — **preguntas** to ask questions

preguntar to inquire, ask

prender to fasten; — **fuego** to set fire

preocupación worry, preoccupation

preocuparse to be worried, be bothered

preparar to prepare

presa dam

presencia presence

presenciar to witness; to see

presentar to present; to lend; **-se** to appear

prestar: — atención to pay attention

pretender to pretend; to aspire

primero (primer), -a first; **lo —** the first thing

prior prior (*head of a monastery*)

prisa hurry; **de —** fast, quickly;

darse — to hurry; **darse — en crecer** to grow up fast; **tener — to** be in a hurry

profundo, -a deep; intense

promesa promise

prometer to promise; **prometido** I promise!

pronto soon, quick; **de —** quickly, suddenly

propio, -a own

proponerse to plan, intend

propuesto *p. p. of* **proponer**

pude *pret. of* **poder**

pudrir to rot

pueblo town, village; **todo el —** the whole village

puente *m.* bridge

pueril childish

puerta door

pues well; then

puesto *p. p. of* **poner;** *m.* place

púlpito pulpit

pulso pulse; wrist

punta corner

punto period; point; **a — de** on the point of, about to; **en — sharp, exactly**

puño fist

puro, -a pure

puso *pret. of* **poner**

que that, which, who, whom; when; as; than; for; because; **es — the** fact is; **lo — what,** that which

¡qué! how!; what a!; what!; **¿—?** what? **¿por — ?** why?

quedar to have left; to be left; **-se** to remain, stay; **-se +** *adj.* to be; to become; **-se atrás** to be left behind; **-se corto** to be left short

quehacer *m.* work

queja complaint

quejarse to complain

quemadura burn

quemar to burn

querer to wish, want; to love; — **decir** to mean

querido, -a dear, beloved

Quico *nickname for Francisco*

quien who, whom; *pl.* quienes who, those who

¿quién? who? whom?; ¿de — ? whose?

quieto, -a quiet, still; ¡quieta! keep still!

quinqué *m.* table-lamp (oil lamp)

quintana *group of country houses*

quise, quiso, quisieron *pret. of* querer

quitar to take away, take from; -se to take off, remove

quizá perhaps

rabadán *m.* head shepherd

rabia rage

Rabión *m. an imaginary dangerous pass in the mountains*

racimo bunch (of grapes)

raíz *f.* (*pl.* raíces) root

rama branch (of a tree)

ramo wreath, cluster

rapaz *m.* (*pl.* rapaces) young man

rapaza young woman

rápido, -a rapid(ly) ; in a hurry

raposa fox

raro, -a strange

rasgar to tear, rip

ratones *m. pl.* mice

rayar: al — el alba at daybreak

rayo flash of lightning

razón *f.* reason, cause; **tener —** to be right

reaccionar to react

realizar to accomplish

reanimar to revive

rebaño flock, herd

rebelarse to rebel, resist

rebelde rebellious

rebrillo shining

rebrincar to leap, frolic

rebullir to boil; **me está rebullendo la sangre** (*freely*) I am in the mood

recibir to receive, get; to welcome

recitar to recite

recobrar to regain, recover

recoger to pick up; — **la mesa** *and* — **los manteles** to clear the table

recomendar (ie) to recommend

reconcentrado, -a concentrating

reconocer to recognize

recordar (ue) to remember; to remind (of)

recuerdo remembrance, memory

redención redemption

redondo, -a round

reducirse to be reduced

refajo skirt

reflejo reflection

regalar to present; — **el oído to** flatter

regalo gift; offer

regresar to return

reina queen; — **de cuento** fairy tale queen

reír (i) to laugh; — **a gritos** to laugh loudly

relámpago lightning

relinchar to bray, neigh

reloj *m.* clock, watch; — **de pared** wall clock

remanso backwater

remolino whirlpool

renacuajo tadpole

rencor *m.* hate, grudge, rancor

rendido, -a tired, exhausted, worn out

renuevo shoot, sprout

renunciar to renounce, forsake

reñir (i) to scold

repelús *m.* (*Asturian word*) whiff

repente: de — suddenly

repentinamente suddenly

repentino, -a sudden

repetir (i) to repeat

repicar to beat; to sound, peal

reproche *m.* reproach; con — reproachably

resbalar to fall down, slip, glide

rescoldo hot ashes, embers

resignado, -a resigned

resistir to resist; to stand

respecto a regarding

respetado, -a respected; spared, preserved

respetuoso, -a respectful(ly)

respiración breathing

respirar to breathe

resplandor *m.* glare; al — under the glare

responder to respond, answer

restallar to burst out

resuelto, -a determined, resolved

retablo tableau (*a vivid representation*)

retahila string, series (*of invectives*)

retorcer (ue) to twist; -se to squirm

retroceder to turn back, retreat

retumbar to echo; to produce a loud sound

reunir to gather, collect; -se to get together

revés *m.* opposite; al — in (the) opposite direction

rezar to pray

rezongando muttering

rezumar to filter through; to burst forth

rienda reins (of a bridle)

riendo (*pres. p. of* reír) laughing

rincón *m.* corner

riñeron *pret. of* reñir

río river

risa laughter

robar to steal, rob

roble *m.* oak

roca rock

rocío dew

rodar (ue) (por) to roll (down); to be tossed about

rodear to surround

rodeo roundabout way, subterfuge; con -s beating around the bush

rodilla knee; de -s kneeling; ponerse de -s to kneel

rogar (ue) to beg, ask

rojo, -a red; poner al — to make red hot

romance *m.* ballad, poem

romería pilgrimage (*usually there is a picnic and much merriment connected with it*)

romper to break, tear; — a (llorar) to burst out (crying)

rondadores *m. pl.* serenaders

rondar to court (*usually by night*); to haunt

rosa rose

rosal *m.* rose bush

rosario rosary

rostro face

rueca distaff for spinning

rueda wheel

ruego *pres. of* rogar

ruido noise

rumbo display; extravagance

rumor *m.* rumor; noise

rústico, -a simple; coarse

sábana sheet

saber to know, know how; to find out; to taste

sabio sage, wise man

sacar to take out

sacudir to shake (off), move

sagrado, -a sacred

sal *f.* salt; *also imperative of* **salir**; ¡ — **de mi casa!** leave my house!

salida exit, way out, outlet

salir (de) to come (*or* go) out; leave; — **al paso** to face, confront (someone)

salmodiar to chant, sing (monotonously)

saltar to jump (over)

saltero, -a frisky, lively

salud *f.* health; **es** — is healthy

salvar to save

San *m.* Saint

San Cristobalón St. Christopher (*according to legend he was a gigantic man, and in sacred art he is generally portrayed in colossal form*)

sangre *f.* blood

San Juan St. John; St. John's Day (*June 24th*)

sanjuanera *woman who takes part in the festivities of St. John's Day;* of (concerning) St. John's Day celebrations

San Pedro St. Peter

Santa Lucía *see* **Lucía**

Santiago (St.) James; — **de Compostela** *city in Galicia, and very famous in the Middle Ages*

santiguarse to make the sign of the cross

santo (santa) saint; holy; **santo y bueno** well and good

sarmiento vine(s), shoot(s) (*usually grape*)

saya skirt

sayal *m.* coarse woolen cloth, sackcloth

sé *pres. of* **saber**

se (to) (for) himself, herself, *etc.;* each other

sea *pres. subjunctive of* **ser**

seco, -a dry, dried up

secreto secret

sed *f.* thirst

segado, -a mowed, cut

seguida: en — right away

seguir (i) to continue, follow; — **camino** to be on one's way

según according to

segundo second

seguro, -a safe, sure, certain

semana week

sembrar to sow

sencillamente simply

sendero path, road

sensación feeling, sensation

sentar (ie) to seat; **-se** to sit (down)

sentido sense; **perder el** — to faint; **volver el** — to regain consciousness

sentimiento feeling, emotion

sentir (ie, i) to feel; to hear; to experience; — **por** to feel toward

señal *f.* signal, sign

señalar to point out, indicate

Señor *m.* the Lord ¡Señor! oh Lord!

señora lady, madam

señorío: — **labrador** higher class of peasants

sepáis *pres. subjunctive of* **saber**

separar to separate; **-se** to get away

séptima seventh

sepulcro sepulcher, grave

ser to be; to become; **será** it is probably

serenamente calmly

serenidad tranquility

sereno: al — outdoors at night

sermón *m.* sermon

servir (i) to serve; to be good for

setenta seventy

severo, -a austere, severe

si if; why!; certainly; **si no** unless

sí yes; indeed; — misma herself; yo sí I did

sidra cider

siempre always; para — forever; hasta — for always

sien *f.* temple

sierra uplands

siesta siesta (*afternoon nap*)

siete seven

sigo, sigue *pres. of* seguir

siguiente following

silbar to whistle

silencio silence, period of silence; en — silent(ly)

silla chair

sillón *m.* armchair

simplemente simply

sin without; — que without

sino but

siquiera *adv.* at least, even

sirena whistle, siren; mermaid

sitio place

situado, -a located, situated

sobrar to be superfluous, more than enough

sobre on, upon; toward; on top of; about

sobrecogido, -a frightened, surprised

sobresaltado, -a startled, excited

sobresaya (outer) skirt

sofocar to stifle

soga hemp rope, cord

sol *m.* sun; sale el — the sun rises; al — in the sun

solamente only, just

solana *tract of land on the sunny side of a hill*

soledad loneliness

sólido, -a firm, solid

solo, -a alone, single; a solas alone

sólo only, alone; empty

soltar (ue) to let loose, let go; to let down (hair)

soltera unmarried woman, spinster; single

solución solution

sollozar to sob

sombra shadow, shade; a la — in the shade

son *m.* tune, rhythm, music; — de arriba see *Appendix* III, 9

sonar (ue) to sound

sonoramente sonorously, with much noise

sonreír (i) to smile

sonriente smiling

sonrisa smile

soñadora dreamingly

soñar (ue) (con) to dream (of)

sopa soup

sordo, -a deaf

sorprendido, -a surprised

sospecha suspicion

su your, her, their, his, its

suave soft; quiet; -mente gently

subir to take (*or* go) up; to raise; to climb; to mount, get on

sucio, -a dirty

suelo floor; ground

sueño sleep; dream

suerte *f.* luck, fortune

sufrir to suffer

sugestión insinuation

sujetar to hold (in place)

sumergido, -a submerged; muffled, indistinct

supe, supo *pret. of* saber

superior superior; upper

suspender to interrupt, stop

superstición superstition

suspirar to sigh

suyo, -a his; of his; yours; of yours; theirs, *etc.;* el suyo, la suya, *etc.,* yours, hers, theirs

tábano horsefly
taberna barroom, saloon
tabernera saloon-keeper's wife
tafilete *m.* morocco leather
tajada slice
tal such, such a; — vez perhaps
también also, too
tamboril *m.* tabor, small drum
tampoco neither, (not) either
tan so, as
tanto, -a so much; *pl.* so many; entre — in the meantime; mientras — meanwhile; otros -s just as many
tapar to stop up, cover
tapia wall fence, mud wall
tapón *m.* cork; stopper
tardar to be long, be late; to take long, delay
tarde *f.* afternoon; al caer la — at nightfall; es — it is late; por la — in the afternoon
te you, to you
teatro theater
techo roof
tejado roof
tejer to knit; to weave
telón *m.* curtain (*theater*)
Telva *proper name*
Telvona *affectionate nickname for Telva*
tema theme
temblar (ie) to tremble, shake
temblor *m.* tremor, shudder
temer to fear
temprano early
tenada shed for cattle, barn
tender (ie) to stretch out; — al rocío to spread out on the dew
tener to have; to hold; — ... años to be ... years old; — cuidado to be careful; — la culpa to be to blame; — derecho to have a right; — frío to be cold; — lugar to

take place; — miedo (a) to be afraid (of); — prisa to be in a hurry; — que + *inf.* to have to; — que ver con to have to do with; — razón to be right; tiene que haber there must be
tentación temptation
tentar (ie) to tempt
tercero (tercer) third
terciopelo velvet
terminante positive, decisive
terminar to end, finish
término term; end; *also one of the divisions of the stage;* en primer — in the foreground
ternero calf
ternura tenderness
terrible terrible
tesoro treasure
testuz *f.* crown of the head
ti you (*after prepositions*)
tibio, -a lukewarm
tiempo time; weather; a — in time; antes de — ahead of time; a su — in due time; ¿cuánto —? how long?; desde hacía — for some time; hace — some time ago; hace mucho — a long time ago; más — longer; sin — in no particular time or date
tierno, -a tender, soft
tierra native country, land; earth, ground; region; dust, dirt
tijera scissors
tímido, -a timid
tira strip
tirar to pull; to throw
tocar to touch; to play; me toca oír it falls to my lot to hear
todavía still, yet; — no not yet
todo, -a all, every, whole; everything; anything; the whole;

pl. all; everybody; **con —** however; **del —** completely; **— lo mío** all that is mine; **todos vosotros** all of you

tomar(se) to take; to have; to pick up

tonel *m.* barrel

tono tone (of voice)

tontería nonsense

tormenta storm

torrente *m.* torrent

torrija (de huevo) *small slices of bread dipped in eggs and milk, and fried*

torta cake, pie; **— de maíz** corn-cake

trabajar to work

trabajo work; effort

traer to bring; to wear

tragar to swallow; to put up with

traición betrayal, treason

traicionar to betray

traidora treacherous

trajo *pret. of* **traer**

trallazo lash; whiff

trampa trick; **hacer —** to cheat

tranquilamente calmly

tranquilizarse to calm oneself

tranquilo, -a calm(ly), tranquil(ly); serene

traperío clothes (finery)

traslucir to show; to transpire

tratar de to try to

travesura prank; **hacer -s** to play pranks

travieso, -a mischievous; restless

trayendo *pres. p. of* **traer**

trébole *m.* (*old form for* **trébol**) clover

treinta thirty

trenzados: — de las manos holding hands

trepar to climb

tres three

trigal *m.* wheat field

trigo wheat

triste sad; **-mente** sadly

triunfal triumphant

tronco trunk; log

trujo *popular form of* **trajo**

tu your

tupido, -a (de) thick (with)

turbado, -a embarrassed

tuvo *pret. of* **tener**

tuyo, -a your, yours, of yours; **el tuyo, la tuya** yours

últimamente lately

último, -a last, final; **el —** the last one

umbral *m.* threshold

uncir to yoke

único, -a only; **el —** the only one; **lo —** the only thing

unir to unite

unísono: al — together, in unison

uno (un), -a a, an, one; *pl.* some, a few, a pair of, about; **— por —** one by one

usar to use

¡va! I'm coming; **¿va?** ready?

vaca cow

vacaciones *f. pl.* vacation; **un día de —** a holiday

vacilar to stagger

vacío, -a empty; vain; idle; *m.* empty space

valer to be worth; **— más** to be preferable; **¿de qué vale?** what good is it?; **¡Válgame Dios!** Heaven help me!

valientemente courageously

valor *m.* courage

vamos let's go; **¡vamos!** well! come!; **¿vamos?** shall we go?

vara stick, rod

varias *f. pl.* several

varón *m.* man, male

vasar *m.* kitchen shelf

vaso glass

vaya *pres. subjunctive of* ir; ¡ — si . . . ! my, but . . . !

vecino neighbor

veinte twenty

vejez *f.* old age

vela candle, taper

velón *m.* a kind of oil lamp

vena vein

vencido, -a defeated; overcome

venda bandage

vendaje *m.* bandaging

vendar to bandage

vender to sell

¡venga! let's go! come on!

venir to come

ventana window

ver to see; a — let's see; tener que — to have to do (with)

verano summer; por el — in the summer

verdad truth; true; ¿ — ? is it? isn't it so? don't you?; ¿de — ? truly? really?

verdaderamente really

verdadero, -a true, real

verde green

verdín *m.* mould, mildew

vergüenza shame; dar — to be ashamed

verso verse

vestido *m.* dress; *pl.* clothes; — de fiesta holiday attire

vestir (i) to dress; -se de fiesta to dress for the fiesta; -se de hombre to dress as a man

vez *f.* (*pl.* veces) time; algunas veces sometimes; a su — in (her) turn, also; a veces sometimes; cada — más more and more; dos veces twice; en — de instead of; otra — again, another time; una — (al año) once (a year); por primera — for the first time

viajar to travel

viaje *m.* trip; feliz — bon voyage; hacer un — to take a trip

vida life

vieja old; old woman

viejo old; old man; *pl.* old people, old men

viene *pres. of* venir; — y se va comes and goes

viento wind

vigilar to watch, keep watch

vinagre *m.* vinegar

viniera *imperfect subjunctive of* venir

vino wine

viña vineyard

violento, -a violent; intense

virgen *f.* virgin

viril virile; vigorous

vistiendo *pres. p. of* vestir

visto *p. p. of* ver

¡viva! hurrah! long live!

vivir to live

vivísimo, -a very bright

vivo, -a bright; intense

volar (ue) to fly; vanish

volcar (ue) to overturn, turn over

voluntad will

voluntariamente voluntarily; intentionally

volver (ue) to turn; return; to come (*or* go) back; — a casa to return home; — en sí to regain consciousness; — a + *inf.* to . . . again; -se to turn around; -se loco to become crazy

votivo, -a votive (*offered by a vow*)

voz *f.* (*pl.* voces) voice; tone; correr la — to be rumored; en alta — out loud, in a loud voice; en — baja in a low voice

vuela *pres. of* volar
vuelta *f.* turn; dar -s a to turn (around)
vuelto *p. p. of* volver
vuestro, -a your, of yours

Xana *nymph of the fountains and forests in Asturian mythology; see Appendix* III, 2

y and
ya already, now; yes; ¡ya! yes, I know; I understand; ya no no longer; ya que since, now that; ¡Ya está! That's done!
yegua mare
yendo *pres. p. of* ir
yerba grass, hay; mala —,weed — segada new mown grass
yerno son-in-law
yugo yoke

zampoña *f.* (*a kind of*) flute
zapato shoe